Heike Meinecke

Die hat's gut

Autobiografie einer Landseerhündin

Bibliografische Information der Deutschen Nationalbibliothek:
Die Deutsche Nationalbibliothek verzeichnet diese Publikation
in der Deutschen Nationalbibliografie;
detaillierte bibliografische Daten sind im Internet
über http://dnb.dnb.de abrufbar.

Verlag: BoD · Books on Demand GmbH, Überseering 33,
22297 Hamburg, bod@bod.de

Druck: Libri Plureos GmbH, Friedensallee 273, 22763 Hamburg

ISBN: 978-3-7693-9985-1

Für alle,
die ihren Welpen vergöttern,
an ihrem Junghund von Zeit zu Zeit verzweifeln,
das Leben mit ihrer gestandenen Fellnase genießen
und
sich irgendwann ein Leben ohne ihren vierbeinigen alten Freund
überhaupt nicht mehr vorstellen können.

Und für alle, die Chica in ihr Herz geschlossen haben.

Inhalt

Prolog

Darf ich mich vorstellen? Ich heiße Chica und bin eine Landseerhündin. Inzwischen bin ich über neun Jahre alt und möchte euch an dieser Stelle auf einen Streifzug durch mein Leben mitnehmen.

Begleitet mich durch meine Welpenzeit und erlebt gemeinsam mit mir mein erstes Jahr. Aber auch im Anschluss habe ich viele Dinge gesehen, bei denen für mich oft so manche Frage aufkam.

Genießt meine Geschichten, die an der einen oder anderen Stelle vielleicht etwas anders erzählt sind, als es der Realität entspricht. Gestattet mir diese künstlerische Freiheit.

Taucht ein in mein Landseerleben.

Die Welpenzeit

Baby-Landseer startet ins Leben

Ursprünglich hieß ich Ildiko vom Siegblick. Als ich zur Welt kam, war ich noch verhältnismäßig klein, hatte aber, was meine Größe anging, noch reichlich Entwicklungspotenzial. Ihr solltet euch noch alle wundern.
Ich lebte zu der Zeit mit meiner Mama, zwei Brüdern und einer Schwester, einer älteren Schwester aus einem früheren Wurf, meiner Oma und ein paar Menschen im Haus einer Gärtnerei. Meine Menschen nannten sich Züchter.

Keine Ahnung, was das heißt! Aber es ist schön, dass ihr so nett zu mir seid.

Am Anfang wohnten Mama, meine Geschwister und ich im Haus in einer großen Kiste. Das meiste aus der Zeit habe ich schon vergessen. Aber ich kann mich erinnern, dass es da sehr kuschelig war und meine Mama sich ganz toll um uns kümmerte. Sie hatte so flauschiges Fell, in das ich mich sehr gerne vergrub. Wir tranken und schliefen ansonsten sehr viel. Irgendwann wurden wir Kleinen dann aber immer größer und auch deutlich aktiver. Meine Brüder kletterten über den Rand unserer Kiste und erkundeten die ganze Wohnung. Das traute ich mich noch nicht. Ich war sehr beeindruckt, wie mutig sie waren. Unsere Züchter waren nicht so beeindruckt und prompt mussten wir umziehen.

Nein! Bitte nicht! Ich finde es hier super. Lasst uns doch hierbleiben.

Aber ich hatte keine Chance. Mama und meine Geschwister waren voller Freude auf unsere neue Bleibe. Also wohnten wir fortan im Garten in einem gemauerten Häuschen mit einem riesengroßen, eingezäunten Auslauf nur für meine Mama und uns. Im Häuschen gab es auch eine Wärmelampe und sogar ich musste zugeben:

Ihr habt recht: Schon ganz schick und gemütlich hier.

Nur der große Auslauf machte mir noch Angst. Zur Sicherheit blieb ich lieber immer in der Nähe unseres Häuschens.

Nur wenn ich meine Geschäftchen erledigen musste, sorgte Mama dafür, dass ich das nicht im Häuschen tat. Dann ging ich raus, das hatte ich schon gelernt. Aber ich fand es immer ein bisschen gruselig, deshalb versteckte ich mich dabei gerne.

Überhaupt erklärte meine Mama mir zu der Zeit sehr viel über das Leben als Hund an sich, was zu tun und was besser nicht zu tun ist.

Toll Mama, danke. Ich habe dich ja sooooo lieb.

Und Mama gab mir auch, wie sie meinte, einen besonders wichtigen Rat fürs Leben mit auf den Weg:

Jeder Hund hat eine Aufgabe,
die das Leben für ihn vorgesehen hat.
Mach dich auf die Suche
nach DEINER Aufgabe,
mein kleines Mädchen!

Das verstand ich damals natürlich noch nicht, aber ich habe es mir gut gemerkt, schließlich war meine Mama sehr erfahren und eine ganz tolle Hündin.

Insgesamt war das Leben da draußen okay und nach und nach genoss ich es auch, alles zu entdecken und mit meinen Geschwistern zu spielen. Wir hatten eine alte Decke, um die wir uns immer stritten und gemeinsam rauften.

Gebt sie mir, die riecht so gut!

Es war schon sehr spannend dort.

Hier möchte ich bleiben.

❁

Ich werde ausgesucht

Inzwischen war ich schon etwas älter und ihr werdet nicht glauben, was mir passierte. Gerade als ich der Meinung war: Gesellschaft passt, Futter passt, Mama ist da, Züchter sind super, alles passt, veränderte sich mein Leben von einem auf den anderen Tag komplett.
An einem Tag kamen unsere Züchter, nahmen uns auf den Arm, machten viele Fotos, ließen uns umherlaufen, machten davon ebenfalls viele Fotos, wir lagen, sie machten sogar noch mehr Fotos!

Na ja, ich kann es ja verstehen: Wir sind auch wirklich zuckersüß und sehr hübsch. Ich bin natürlich die Hübscheste von allen.

Ein paar Tage später besuchten uns dann vier Menschen in unserem Auslauf, die ich nicht kannte. Also setzte ich mich erst einmal an die Seite und sah mir die ganze Sache aus sicherer Entfernung an. Meine Geschwister waren, wie immer, nicht zu halten. Sie kletterten über die Menschen, schubsten sie um und kauten die Schnürsenkel an.

Hey, ihr seid aber wieder mutig.

Irgendwann traute ich mich schließlich auch. Die sahen ja ganz nett aus und interessierten sich auch am meisten für mich. Wie gesagt, kein Wunder:

Hört her: Ich bin ja auch die Hübscheste von allen.

Sie schauten sich aber auch meine Mama an, unser Häuschen und meine zweijährige Schwester, die neben uns in einem anderen Auslauf wohnte. Die Große gab ganz schön Gas, sprang am Zaun hoch und bellte richtig laut und tief. Vielleicht ahnte sie schon, was die Menschen vorhatten. Auf jeden Fall hat sie diese ganz schön erschreckt. Sie waren ganz blass im Gesicht. Mein Züchter meinte dann noch, dass er mit meiner Schwester jeden Tag mindestens eine Stunde spazieren ginge und viele Übungen mit

ihr mache. Ich dachte schon, der Besuch ginge dem Ende entgegen und die Vier ergriffen die Flucht. Aber sie blieben. Respekt!
Irgendwann verließen alle Menschen zusammen aber doch unseren Auslauf. Mein Züchter nahm mich auf den Arm und trug mich. Wir gingen gemeinsam in das Wohnhaus.

Wow! Super! Das ist toll. Ich freue mich.

Da war ich ja schon länger nicht mehr drin. Und diesen Raum kannte ich noch gar nicht. Wohnzimmer nannten sie den. Und meine Oma, eine stattliche und ruhige ältere Landseerdame, war auch mit dort. Erst war ich wieder sehr vorsichtig, aber dann taperte ich umher und erkundete das Terrain. Oma gab mir Sicherheit.
Die Menschen unterhielten sich mit meinem Züchter. Es gab anscheinend viel zu klären.

Das ist jetzt aber sehr langweilig ihr Lieben.

Irgendwann wurde ich müde und legte mich schlafen. Das fanden wieder alle soooo süß.

Mama

Ihr seid aber mutig. Ich schau erst einmal, wer das ist.

Umzug

Ich hatte, im Wohnzimmer liegend, noch lange nicht ausgeschlafen, da weckte mich mein Züchter, nahm mich wieder auf den Arm (zum Glück war er groß und kräftig, denn ich war ja seit meiner Geburt auch schon etwas größer und kräftiger geworden) und trug mich wieder nach draußen. Allerdings nicht zu Mama und meinen Brüdern, sondern zu den vier Menschen in ein ganz komisches Häuschen mit vier Rädern dran. Für jeden Menschen ein Rad. Mit meinen Züchtern war ich auch schon einmal in so einer Hütte gewesen, aber ich hatte gar keine guten Erinnerungen daran. Also legte ich mich ins Zeug, weil ich nicht wirklich gerne dort einsteigen wollte. Und außerdem wollte ich zu Mama.

Aber auf meine Meinung legte erschreckenderweise niemand Wert und so fand ich mich innerhalb kürzester Zeit in diesem Häuschen, Auto genannt, wieder und die Fahrt ging los. Alle bemühten sich, mir die Tour so angenehm wie möglich zu gestalten. Ich hatte sogar ein altes T-Shirt von meinem Züchter mitbekommen, mit dem meine Mama, meine Geschwister und ich immer gespielt hatten.

Ach danke, das riecht gut nach Mama.

Aber es schaukelte so schrecklich in diesem Ding. Immer hin und her. Eine Kurve nach der anderen.

Mir ist ja so übel.

So übel war mir noch nie in meinem kurzen Landseerleben. Ich musste mich ständig übergeben. Beim ersten Mal entledigte ich mich meines Frühstücks, aber danach war nichts mehr da zum Loswerden. Ich hoffte nur, dass diese fürchterliche Tour bald zu Ende gehen würde, aber ich musste ganz schön lange durchhalten.

Hallo! Ich vermisse meine Mama. Was soll das denn alles?

Auch eine Pause auf einem Rastplatz machte die ganze Sache nicht viel besser. Ich versuchte zu flüchten, aber das klappte nicht so ganz. Alle waren sehr aufgeregt und hatten große Angst, dass ich verloren gehen könnte. Ich am meisten.

Fahrt mich doch bitte wieder zurück zu meiner Mama.

Nach vier Stunden waren wir schließlich am Ziel. Die Menschen trugen mich aus dem Auto und setzten mich auf ein Stück Rasen. Endlich! Ich musste so dringend, dass ich gleich loslegte, woraufhin alle vier Menschen in unglaublichen Jubel ausbrachen.

Na, wenn ihr das so toll findet, dann mache ich das gerne öfter.

Anschließend wurde ich in ein anderes Wohnhaus getragen und hier lebe ich nun seitdem.

Die erste Nacht im neuen Zuhause

Hier wohnte ich nun mit den vier Menschen. Keine anderen Hunde.

Irgendwie bin ich ein bisschen traurig. Ihr seid zwar sehr nett zu mir, aber wo ist mein Rudel? Meine Geschwister?

Ja klar, wir waren zwar nicht immer einer Meinung, aber ich vermisste sie trotzdem sehr.

Inzwischen hieß ich anscheinend auch nicht mehr Ildiko. Der Name schien den Menschen nicht zu gefallen. Seit Neustem nannten sie mich Chica. Na, mir soll es recht sein. Chica ist Spanisch und heißt „Mädchen". Passt ja!

Nachdem wir in dem neuen Zuhause angekommen waren, wurde es irgendwann dunkel.

Wo soll ich denn bloß schlafen?

Die Frau setzte mich in einen großen Korb in der Küche und legte sich auf eine Matratze daneben. Ok, immerhin war ich nicht ganz alleine. Aber mir fehlte Mamas Nähe.

Ob ich mich wohl zu dir legen und mich ankuscheln darf, liebe Frau? Ich versuch's einfach mal. Ja, das ist schön.

Und sie schien es auch toll zu finden. So konnten wir beide eine ganze Zeit schön schlafen.

Hey, guten Morgen, ich bin wach.

Die Frau war allerdings noch nicht ganz wach, trug mich aber trotzdem schlaftrunken und frierend nach draußen auf den Rasen, den ich am Tag davor schon kennengelernt hatte, damit ich Pipi machen konnte.

Erledigt.

Wieder kam große Freude auf.
Dort landete ich noch öfter und, zum Erstaunen aller, erledigte ich dort immer alles, was so zu erledigen war.

Ja, was denkt ihr denn? Dass ich so etwas im Haus, in dem ich schlafe, hinterlasse? Igitt! Das habe ich doch schon von meiner Mama gelernt.

Und das gefiel allen wirklich richtig gut.

Freut mich, da habe ich ja schon mal einen dicken Pluspunkt bei euch gesammelt.

In der zweiten Nacht schlief ich wieder mit der Frau zusammen in der Küche und dieses Mal traute ich mich sogar schon, mich in dem Korb einzurollen. Aber mitten in der Nacht fühlte ich mich auf einmal wieder sehr einsam und war deshalb unglaublich traurig.

Was kann ich denn jetzt nur mal machen, um mich abzulenken?

Oh, da ist Holz. Kauen hilft immer gut. Also mal ordentlich das Holz anknabbern.

Plötzlich schallte ein lautes „Nein" durch die Luft und ich erschrak mich ganz fürchterlich. „Nein, nicht den Türrahmen anknabbern", etwas leiser holte mich die Frau von meinem Holz weg. Das war ein Schreck.

Das mache ich besser nicht noch einmal.

Ich erobere Haus und Grundstück

Inzwischen wohnte ich seit zwei Wochen dort, hatte mich eingelebt und fand die Menschen um mich herum ganz toll. Meine Mama vermisste ich eigentlich fast gar nicht mehr. Dafür hatten die Menschen gesorgt. Aber bis ich soweit war, musste ich einige Mutproben bestehen. Am Anfang fühlte ich mich in der Küche am wohlsten. Dort war alles sicher. Von dort aus konnte ich dann langsam das Wohnzimmer erobern. Wieder ein Wohnzimmer, aber dieses Mal ja ohne meine Oma. Wieder war alles so groß und unheimlich. Aber zusammen mit meinen Menschen meisterte ich das schließlich.

Wirklich schwierig fand ich das komische schwarze Teil vor der Tür nach draußen. Das sollte wohl dafür sorgen, dass keine Insekten zu uns reinkamen. Allerdings sorgte es auch dafür, dass ich nicht rauskam. Ich hatte schlichtweg Respekt, dass ich mich darin verfangen könnte.

Wenn ihr da durchgeht und mich ruft, würde ich ja gerne folgen, aber dieses Netz liegt auf der Lauer, um mich zu erhaschen. Und dann passiert mir vielleicht das Gleiche, was einem Insekt in einem Spinnennetz blüht. Nein, danke! Ich gehe da nur durch, wenn ihr das Netz zur Seite haltet.

Und dann dieser wahnsinnig riesige Garten. Noch viel größer als der Auslauf bei meinem Züchter. Nein! Da konnten meine Menschen noch so bitten: Ich ging sicherheitshalber erst einmal nur bis zu dem Rasen, der dazu da war, dass ich meine Geschäfte erledigte. Und jedes Mal, wenn ich das tat, sagten meine Menschen „Mach Pipi!".

Ich weiß nicht, was ihr mir damit sagen wollt. Schließlich mache ich das doch gerade. Na, vielleicht erschließt sich mir der Sinn ja irgendwann mit eurer Hilfe.

Im Haus bewegte ich mich inzwischen im Erdgeschoss sicher, ja sogar selbstsicher durch alle Räume. Auch hatte ich schon die Räume in der ersten Etage kennengelernt: Der größte meiner Menschen hatte mich einmal nach oben getragen. Treppen steigen durfte ich ja noch nicht, damit meine Gelenke nicht litten. Ich sah mir also alles an, schnüffelte herum und dann ging es wieder nach unten. Jetzt wusste ich immerhin, wie es dort oben aussah. Aber eigentlich sollte ich da eh nicht hin.

Lasst euch mal überraschen, ob ich mich daran halte. Im Moment traue ich mich sowieso nicht ohne euch dort hinauf. Diese Treppe ist nämlich auch so ein hinterlistiges Objekt, das nur darauf wartet, kleine Welpen wie mich durch ihre offenen Lücken rutschen zu lassen und zu verschlingen. Nicht mit mir! Ich bleibe unten!

Angekommen

Erste Spaziergänge

Meine Menschen übten mit mir jeden Tag mehrmals, das Grundstück zu verlassen. Dann hängten sie so ein langes Ding an mein Halsband. Leine nennen sie das. Ich sollte eigentlich nach Möglichkeit nicht daran ziehen.

Uff! Das ist aber schwierig.

Aber das mit dem Ziehverbot galt offensichtlich nicht für alle. Wenn ich ehrlich war: Meistens zogen SIE in dem Moment noch daran, damit ich vorwärts ging. Ich wollte nämlich nicht! Ich wollte nicht von meinem sicheren Grundstück.

Dort draußen ist es bestimmt gefährlich. Und dann möchtet ihr auch noch, dass ich da Pipi mache. Nein! Da würde ich doch Spuren hinterlassen und jeder wüsste, wo ich bin. Verrückt! So blöd bin ich nicht!

Also kniff ich alles, was ich konnte, zusammen, bis wir die Runde beendet hatten und machte dann entspannt Pipi, wenn ich wieder auf unserem Grundstück in Sicherheit war.

Ah, das tut gut!

Die Reaktion meiner Menschen zeigte mir, dass sie noch nicht verstanden hatten, warum das so laufen musste.

Naja, ich arbeite dran. Vielleicht seid ihr nicht die Hellsten.

Mein Grundstück – hier bin ich in Sicherheit!

Besuch beim Tierarzt: Die Frage der richtigen Ernährung

Als ich noch bei meinem Züchter wohnte, kam der Tierarzt immer zu uns. Hier schien das allerdings anders zu laufen. Hier mussten wir zum Arzt hinfahren, wenn wir ihm Hallo sagen wollten. Also ab ins Auto. Dieses Mal fuhren wir nicht so viele Kurven und es ging mir sehr viel besser. Außerdem war die Fahrt nur kurz. Passt!

Da bin ich aber sehr erleichtert.

Angekommen und nach kurzer Wartezeit sagte ich dem Tierarzt dann Hallo. Ich fand ihn ganz sympathisch, aber nachdem er auf eine Frage meiner Menschenfrau zum Thema Barfen einen 30-minütigen Vortrag gegen das Barfen und für teures Hundefutter vom Tierarzt gehalten hatte, sind wir nie wieder zu ihm gefahren. Das war bestimmt die richtige Entscheidung. Bei meinem Züchter gab es immer so leckeres rohes Fleisch mit Gemüse.

Das ist also Barfen. Das möchte ich auch weiterhin. Das ist mir bei meinem Züchter immer sehr gut bekommen. Und lecker ist es sowieso!

Seitdem sind wir bei dem Tierarzt meines Vertrauens. Der ist spitze! Wir verstehen uns richtig gut, denn er spielt ausgelassen mit mir und hat immer viele Leckerlis für mich. Wenn er die Tür seines Raumes öffnet, ziehe ich meine Menschenfrau immer mit aller Kraft in die Richtung, weil ich so schnell zu ihm möchte. Alle anderen Hunde im Wartezimmer schütteln darüber den Kopf. Kann ich gar nicht verstehen.

Hey Martin, lass dich mal standesgemäß begrüßen und küssen. Lass uns spielen. Du bist ja so toll!

Dieser Tierarzt hatte uns schließlich gut beraten und was soll ich sagen:

Ich wurde weiterhin morgens und mittags gebarft und abends gab es eine Portion Trockenfutter. Gute Mischung! Damit war ich insgesamt sehr zufrieden und bin es heute noch.

So konnte ich in aller Ruhe jeden Tag zunehmen und in die Höhe wachsen.

Das erste Jahr

Darf ich vorstellen: Mein Menschenrudel

Für diejenigen, die mein Menschenrudel noch nicht kennen, hier eine kurze Vorstellung aller, die dazu gehören.

Da sind als erstes die beiden Männer: Herrchen Dirk, der „Alte", (im Folgenden Herrchen genannt) und Herrchen Lukas, der „Junge" (im folgenden Lukas genannt). Lukas ist eher selten zu Hause. Ich habe gehört, er ist meistens in Hannover. Keine Ahnung, was das ist oder wo das ist. Aber er scheint dort viel Wichtiges zu tun zu haben, wenn er es so lange ohne mich aushält. Studieren nannte er das erst. Und nun heißt es Arbeiten. Na egal. Auf jeden Fall ist es jedes Mal sehr aufregend für mich, wenn er nach Hause kommt, weil er immer ganz hervorragende Hundeleckerlis für mich dabei hat.

Hallo Lukas, schön, dass du da bist. Ich habe dich schon so vermisst.

Ich kann mich immer gar nicht zurückhalten, vergesse meine gute Erziehung und muss sofort zu ihm. Auch auf die Gefahr hin, dass Frauchen an der Leine im Bogen hinterherfliegt und sauer auf mich ist. Das muss in dem Fall mal sein. Allerdings kommt es auch mal vor, dass er die Leckerlis in Hannover vergisst. Frauchen steckt ihm dann heimlich welche zu und sie tun so, als hätte er sie mitgebracht. Ich tue auch so, als hätte ich das nicht gesehen und freue mich mit ganzer Kraft wie immer, wenn er nach Hause kommt. Wir wollen uns ja gegenseitig den Spaß nicht verderben. Ansonsten spiele ich mit Lukas gerne im Garten. Er tut so, als wäre er ein Bär und läuft mit ausgestreckten Armen brummend auf mich zu. Ich hüpfe begeistert von ihm weg oder um ihn herum. Aber immer mit ein bisschen Abstand:

Man weiß ja nie, ob nicht wirklich ein Bär in dir steckt und du mich frisst, oder?

Auch Herrchen spielt manchmal dieses Spiel im Garten mit mir.

Zwischenzeitig war ich mir sicher, dass er ganz bestimmt kein Bär ist und ich habe ihn immer angebellt und immer mal wieder nach ihm geschnappt. Irgendwann fand er das aber gar nicht mehr so gut und wurde doch böse. Jetzt bin ich mir nicht mehr sicher, ob er nicht doch ein Bär ist und passe wieder besser auf und halte Abstand. Spaß haben wir trotzdem bei dem Spielchen.

Aber das Schönste bei Herrchen und mir sind unsere Spiel- und Kuschelzeiten im Wohnzimmer. Herrchen sitzt in seinem Sessel und ich komme und „docke ein". D.h. ich stecke meinen Kopf und meine Brust zwischen Herrchens Beine und lasse mich ausgiebig streicheln. Das funktioniert inzwischen natürlich auch bei allen anderen Mitgliedern meines Rudels. Schöööön! Und ich kann lange durchhalten, wenn es darum geht, gestreichelt zu werden. Oft breche ich aber auch schon nach einiger Zeit zusammen: Im Liegen gestreichelt zu werden, ist einfach noch viel entspannender. Und das kann eindeutig Herrchen am besten.

Du bist ja sooooo gut im Streicheln, Herrchen.

Aber das Schönste ist, dass ich dabei auch noch auf seiner Hand herumkauen darf. Das ist unfassbar beruhigend! Nur ab und zu ist Herrchen dabei ein bisschen mimosig: Dann jault er auf.

Dabei bin ich doch schon so vorsichtig, Herrchen! Manometer!

Na gut. Wenn er rumjammert, dann muss ich wieder etwas zärtlicher kauen. Das weiß ich inzwischen. Ansonsten ist nämlich Schluss. Aber nachdem ich ein bisschen gekaut habe, kann ich sowieso herrlich bei Herrchen schlafen. Am liebsten mit direktem Kontakt zu seinen Füßen.

Darüber hinaus gehören zu meinem Rudel noch zwei Frauen: Kristeen (im folgenden Kristeen genannt) und Heike (im folgenden Frauchen genannt): Die „Junge" und die „Alte". Das sind die beiden, mit denen ich am meisten

Zeit verbringe und die es sich beide in den Kopf gesetzt haben, aus mir eine gut erzogene Hündin zu machen. Darüber aber später mehr. Frauchen kümmert sich in der Regel vormittags um mich, da war Kristeen zu Beginn oft in der Schule. Aber nachmittags wurde dann getauscht: Frauchen musste arbeiten und Kristeen hat mich beschäftigt. Inzwischen wohnt auch Kristeen nicht mehr in unserem Haus und ich bleibe auch nachmittags bei Frauchen, bis mich anschließend Herrchen übernimmt. So bin ich fast nie alleine. Das ist echt toll. Ich weiß schon, dass ich das ganz schön gut habe. Andere Hunde müssen viel öfter alleine sein. Aber das wäre auch echt nichts für mich. Ich bin so gerne mit meinem Rudel zusammen. In meinen Papieren von meinem Züchter steht nicht ohne Grund drin: „sehr menschenbezogener Welpe". Das hat sich bis heute nicht geändert. Ich liebe meine Menschen. Alleine ist es immer doof! Natürlich habe ich inzwischen gelernt, mal ein bisschen alleine zu bleiben. Ich mache das auch, meistens schlafe ich dann einfach, damit die Zeit schnell vergeht, aber toll finde ich das nicht. Deshalb freue ich mich immer riesig, wenn sie endlich wieder da sind.

So! Das wars! Jetzt kennt ihr mein Rudel, also die wichtigsten Menschen in meinem Leben. Natürlich kenne ich noch mehr Menschen, ihr werdet sie alle noch kennenlernen.

Brav bei Frauchen!

Spielen mit Herrchen

Hast du Leckerlis für mich, Lukas?

Mache ich das toll, Kristeen?

Mittendrin statt nur dabei

Okay! Ich bin also ein Familienmensch, ach ne: Rudelhund. Am liebsten bin ich bei allen Aktivitäten immer dabei. Nein! Das ist so eigentlich nicht richtig! Es reicht mir nicht wirklich, nur dabei zu sein. Mein Motto ist:
„Mittendrin statt nur dabei!"
Wenn Frauchen in der Küche werkelt, bin ich nicht nur dabei, sondern liege M I T T E N in der Küche. Frauchen ist inzwischen sehr sportlich, was das Übermichrüberklettern angeht. Sie ist auch sehr mitfühlend, wenn es darum geht, dass ich liegen bleiben kann. Sie versucht immer, um mich herum zu arbeiten. Manchmal klappt das natürlich nicht, dann muss ich doch mal aufstehen, damit sie an die eine oder andere Schranktür herankommt, um etwas herauszuholen.

Ach, Frauchen, muss das sein? Kannst du das nicht lassen?

Aber im Großen und Ganzen bin ich zufrieden mit ihr. Auch wenn sie das laute Ding aus dem Arbeitszimmer holt, das sich darum kümmert, Dreck und vor allem die Haare, die ich immer wieder verliere, vom Fußboden aufzufressen, bleibe ich gerne mitten im Flur liegen. Von dort aus kann ich Frauchen nämlich in jedem Zimmer im Erdgeschoss gut beobachten. Einer muss ja gucken, ob sie alles richtig sauber macht.

Da hinten in der Ecke, da hast du noch etwas vergessen, Frauchen!

Ob das wohl die Aufgabe ist, von der meine Mama gesprochen hat? Ich muss aufpassen, dass Frauchen richtig staubsaugt? Wenn ich so richtig überlege, dann wohl eher doch nicht. Manchmal wickelt sich bei dem ganzen Hin und Her nämlich auch schon mal das Stromkabel um mich und meine Pfoten, aber das macht mir nichts. Ich gucke dann nur und Frauchen befreit mich wieder. Alles easy!

Ich danke dir!

Nur wenn es um das Wischen der Fußböden geht, schickt Frauchen mich auf die Terrasse raus.

Ich würde dir auch dabei sehr gerne helfen, darf ich?

Aber irgendwie ist sie der Meinung, ich würde bei dieser Tätigkeit keine große Hilfe sein, nur weil ich als Welpe mal den Wischmopp angebellt habe und nach getaner Gartenarbeit mit erdigen Pfoten über die nassen Fliesen gelaufen bin. Kann ja mal passieren, oder? Inzwischen bin ich ja nicht mehr so tollpatschig. Aber die Sache hat sich irgendwie bei ihr eingebrannt. Na ja, dann kontrolliere ich das ganze Geschehen eben von der Terrasse aus.

Vielleicht können wir ja zu einem späteren Zeitpunkt in dieser Sache noch einmal näher zueinander finden, was meinst du?

Selbstverständlich bin ich immer ganz dicht bei meinem Rudel, wenn sie in der Küche am Tisch sitzen und essen. Am liebsten liege ich dabei hinter Herrchens Stuhl - wieder mit direktem Kontakt zu den Stuhlbeinen und Herrchens Füßen. Er schimpft immer darüber, weil er so ja nach dem Essen nicht mit seinem Stuhl zurückrutschen kann, um sein gut gefülltes Bäuchlein zu entlasten. Andererseits hat er aber auch so immer eine gute Ausrede, wenn es darum geht, eine weitere Portion vom Herd oder einen Toast aus dem Toaster zu holen und kann grinsend eines der Frauchen schicken. Wir haben das heimlich so abgesprochen. Aber nicht Kristeen und Frauchen erzählen.

Wenn wir im Wohnzimmer sind und die bunten Bilder in dem Kasten auf dem kleinen Schränkchen flimmern, lege ich mich gerne mal zu Kristeen oder Frauchen an das Sofa oder mal halb mit darauf. Ganz darf ich ja nicht. Ist mir aber auch zu unbequem, mich auf eine der beiden zu legen. Sie gehen ja nicht weg und Ärger würde ich wohl auch kriegen. Sie sind der Meinung, Hunde haben auf dem Sofa nichts zu suchen. Aber wenn ich so halb darauf liege, finden sie das beide toll. Ich auch! Aber meistens halte ich es dort nicht so lange aus. Vor dem Sofa liegt ein flauschiger Teppich und da ich ein Landseer mit viel Fell bin, wird es mir auf dem Teppich ganz schnell viel zu warm. Ich ziehe ein Plätzchen bei Herrchen auf dem Holzfußboden eindeutig vor. Und wenn es ganz warm ist, lege ich mich sogar auf die kühlen Fliesen im Flur. Ist aber doof, weil mein Rudel ja dann wieder so weit weg ist. Aber manchmal muss man eben Kompromisse eingehen. So ist das Leben!

Dafür bin ich aber wieder „mittendrin", wenn Herrchen ein Bierchen trinkt. Zu diesem Anlass bekomme ich nämlich oft die Reste aus der Bierflasche. ALKOHOLFREI versteht sich! Am Anfang habe ich noch sehr gekleckert beim Trinken, aber inzwischen sind wir beide Profis, was diese Sache angeht. Sehr zum Leidwesen von Frauchen. Sie fand das gar nicht gut, dass Herrchen solche Mätzchen mit mir macht. Sie hatte Angst, dass ich dann jedes Mal, wenn wir Gäste haben und jemand eine Bierflasche öffnet, herbeilaufe und erwarte, etwas abzubekommen. Bei der ersten größeren Feier, nachdem ich das aus der Flasche trinken gelernt hatte, hat Herrchen dann unser Können auch stolz präsentiert. Alle waren total begeistert. Außer Frauchen natürlich. Und Moni! Die hat selber einen Hund und hat die Sache auch eher kritisch gesehen. Aber alle Bier trinkenden Männer hatten viel Spaß mit mir. Frauchen musste aufgeben.

Tja, Frauchen: So ist das Leben!

Seitdem kann ich noch so tief schlafen: Wenn ich den Flaschenöffner in Aktion höre, bin ich sofort zur Stelle.

Ähnlich verhält es sich mit Joghurtbechern. Wenn Kristeen morgens den Joghurtbecher ausgekratzt- sie braucht den Joghurt nämlich für ihr Müsli vor der Schule- dann laufen mir auch sofort die Sabberfäden aus dem Maul. Auch hier darf ich nämlich die Reste auslecken. Lecker! Komischerweise findet Frauchen das total in Ordnung! Das finde ich wieder merkwürdig! Aber was soll's. Vielleicht finde ich noch irgendwann heraus, warum Joghurt okay ist und Bier nicht! Mir schmeckt beides.

Aber nicht nur im Haus suche ich die Nähe meines Rudels, sondern natürlich auch, wenn wir draußen sind. Letztens pflanzte Frauchen zum Beispiel Blumen. Da half ich ihr sehr gern, die schwarze Blumenerde in die Töpfe zu füllen. Na ja, leider funktionierte das nicht so ganz: Es landete mehr neben den Töpfen und weit drum herum.

Sorry! Aber wir haben doch beide viel Spaß, oder?

❀

Ich gucke auch immer ganz genau hin, wenn Frauchen oder Herrchen etwas arbeiten. Wobei hingucken bei mir bedeutet: Meine Nase braucht Kontakt zum jeweiligen Objekt, schließlich bin ich ein nasengesteuertes Tier. Also habe ich meine Nase immer genau da, wo Frauchens Hände gerade werkeln.

Schön, dass du dich jedes Mal so sehr darüber freust, auch wenn du immer so tust, als würde es dich stören.

Aber im Grunde ihres Herzens liebt sie es sehr, wenn ich ihr helfe.

Wir haben uns doch soooo lieb!

Letztens allerdings war meine Hilfe so gar nicht willkommen. Beide Frauchen hatten ganz alte Klamotten an und so komische Holzstäbe mit Borsten daran in den Händen. Die tauchten sie immer wieder in einen Topf und rieben sie gleich danach an den Brettern entlang, die den Gemüsegarten umzäunen. Und beide Frauchen passten extrem auf, dass ich N I C H T mithalf.

Ich bin doch so neugierig. Lasst mich doch mit dabei sein.

Aber ich kann ja abwarten. Also legte ich mich brav ein paar Meter entfernt ins Gras und tat so, als wäre ich gar nicht mehr interessiert. Und dann kam mein großer Moment: Unbeobachtet näherte ich mich schnell der ganzen Geschichte einmal und schaute im Detail nach, was die beiden denn da machten.

Iüh! Irgendwie sind die Bretter jetzt ganz schön klebrig. Uff!

Da hatte es meinen Kopf und meine Ohren erwischt.

Schnell weg und so tun, als ob nichts gewesen wäre.

Leider fiel mein Exkurs dann doch auf, als Frauchen entdeckte, dass sich mein Fell am Kopf und an den Ohren klebrig und hart angefühlte. Oje! Das war ein Theater! Gut, dass Herrchen nicht schuld an der Geschichte war, sonst wäre es ein harter Tag für ihn geworden. So aber fühlte sich Frauchen selbst für die Sache verantwortlich und war untröstlich über meine selbst zugefügte Kopfschmuckfarbe. Wir wollten nämlich am nächsten Tag zu einer Landseerausstellung in der Nähe und ich sollte mit. Ich sollte zwar nicht ausgestellt werden, aber natürlich würde jeder Hundebesitzer alle anderen Landseer genau in Augenschein nehmen und kritisch beurteilen. Und Frauchen wollte gerne mit mir glänzen. Ja, geglänzt hat mein Fell am Kopf, allerdings wie mit Holzlasur gegelt. Frauchen war untröstlich und der Rest des Rudels versuchte, ihr klar zu machen, dass ich trotzdem die schönste Hündin der Welt sei. Trotzdem gab sie alles, um das Desaster zu minimieren: Ich musste sehr lange stillhalten, während sie meinen Schädel bürstete. Und was soll ich euch sagen: An meinen Ohren befanden sich trotzdem immer noch „Gel"-Reste.

Tja, Frauchen! So ist das Leben!

Darf ich mit aufs Sofa?

Der erste Urlaub

Nachdem ich gerade vier Wochen in meinem neuen Zuhause gewohnt hatte, beschloss mein Rudel, dass es Zeit sei, schon wieder umzuziehen. Eines schönen Tages packten sie ganz viele Sachen in unseren roten Bus. Und wenn ich sage: „Ganz viele Sachen", dann meine ich: „Ganz viele Sachen".

Hey, nicht meine Decke, mein Futter und mein Spielzeug vergessen!

Na, zum Glück habe ich aufgepasst, dass meine Sachen auch alle mit in den Bus verladen wurden.
Am nächsten Morgen fuhren wir zu viert los. Nur Lukas war nicht dabei, dafür allerdings eine Freundin von Kristeen. Ok, war ja auch kein Wunder. Lukas wohnte ja eh nicht mehr immer bei uns. Aber Kristeens Freundin?

Zieht die jetzt mit bei uns ein? Na ja, wir werden sehen.

Leider war das schon wieder so eine lange Fahrt. Nicht mein Fall, diese langen Autofahrten. Autofahren kann nun wirklich nicht die mir zugedachte Aufgabe sein. Da bin ich mir sicher. Zwischendurch legten wir zwar eine Pause ein, doch die half mir nicht wirklich. Aber wenigstens war mir nicht so übel wie bei der letzten langen Fahrt.

Warum ziehen wir wohl um? Was ist mit all den Freunden, die ich schon gefunden habe? Werde ich die nicht mehr wiedersehen wie meine Geschwister und meine Mama? Hallo? Ich finde das doof und fühle mich schlecht! Muss das sein?

Irgendwann waren wir endlich angekommen bei unserem neuen Haus. Uff! Wir hatten uns aber nicht gerade verbessert, was den zur Verfügung stehenden Platz anging. Alles war deutlich kleiner dort.
Aber wie sagt man so schön unter uns Hunden: Platz ist in der

kleinsten Hütte. Also machen wir es uns mal gemütlich.

❀

Am nächsten Tag fuhren wir mit dem Auto zu einem ganz tollen Spielplatz für mich.

Wow, ist hier unglaublich viel Platz zum Spielen und Toben. So viel Sand, egal in welche Richtung man schaut. Und dazu noch große Berge aus Sand. Ok, jetzt verstehe ich, weshalb wir umgezogen sind. Hier ist es wirklich unbeschreiblich schön.

Wir liefen alle zusammen ganz schnell, wälzten uns im Sand, übten Apportieren und hatten ganz viel Spaß zusammen.
Und dann lernte ich das erste Mal Wasser kennen. Zumindest eine so riesige Menge an Wasser, dass sie niemals in meinen Saufnapf passen würde. Eine so riesige Menge, dass sie sogar niemals in unser Auto, unser Haus oder auf unser Grundstück passen würde. Eben wirklich sehr viel Wasser.

Ui! Ich habe Angst! Das ist aber sehr viel Wasser! Da sollten wir lieber nicht hineingehen. Bleibt hier! Ehrlich jetzt? Ich soll auch mit? Na, bevor ich hier alleine bleibe, kann ich ja mal ein paar Schritte wagen.

Nachdem ich mich getraut hatte, wurde das Spielen im Wasser zu einer meiner Lieblingsbeschäftigungen. Die nassen Beine waren sehr angenehm bei der Wärme – wir hatten Hochsommer – und ein nasser Bauch lieferte auch die willkommene Abkühlung. Aber tiefer war ich nie im Wasser. Schließlich konnte ich noch nicht schwimmen.
Nach unserem Strand- Wasser- Spiel und Spaß- Spaziergang schlugen wir erst einmal bei unserem Bus ein Lager auf. Meine Rudelmitglieder lagen auf Liegen oder Handtüchern, für mich wurde so ein komisches

Flatterding aufgebaut.

Hilfe, was ist das? Da soll ich rein? Das wackelt aber so im Wind! Hoffentlich fällt das nicht um und frisst mich auf! Ah, Kristeen traut sich auch in das Strandmuschelding. Na gut. Dann probiere ich das auch mal aus. Ja, das ist gut gegen die Sonne. Dann passt das.

Alle waren erst einmal k.o., ganz besonders ich. Es gab für jeden Futter und wir machten gemeinsam ein Nickerchen. Das war der Start für eine Reihe von Strandschläfchen meinerseits. Ich war ja schließlich eigentlich noch ein Baby.
Selbstverständlich haben wir am Strand nicht nur geschlafen. Eine Lieblingsbeschäftigung meiner Rudelmitglieder war das Fotografieren. Lieblingsmotiv: Landseerbaby. Landseerbaby mit Herrchen, Landseerbaby mit Kristeen, Landseerbaby mit Freundin und Landseerbaby mit Frauchen. Meist habe ich mich ja brav in Pose geschmissen, um gut auszusehen, aber manchmal war mir die Sache einfach zu langweilig und ich habe ... - Na, ich lege mal ein Foto bei, dann seht ihr, was ich meine. DAS könnte definitiv MEINE Aufgabe werden.

Tagsüber waren wir oft am Strand, aber zum Abend hin verbrachten wir gerne unsere Zeit an unserem neuen Haus. Dort gab es ein tolles, großes, rundes Ding mit Beinen, auf dem man hüpfen konnte. Ich durfte allerdings nicht darauf hüpfen. Aber dafür entwickelte ich mein eigenes Spiel damit. Ich lief immer im Kreis darum herum und bellte:

Fangt mich doch! Fangt mich doch!

Das war ein Spaß. Und alle machten mit. Links herum, rechts herum.

Oh, es wird eng, also einfach unterdurch und in der Mitte

verstecken, dann können sie mich nicht fangen. Tja, euer Pech, wenn ihr so groß seid.

Irgendwann schlief ich dann neben dem Trampolin, wie das Ding hieß, ein. Dann hatten sie mich natürlich.

Tja, mein Pech, dass ich noch ein Baby bin. Aber wartet mal ab: Ich werde größer und meine Kondition wird besser werden. Und dann sprechen wir uns wieder.

An einem Tag hatte mein Rudel wohl keine Lust auf den Strand und wir fuhren nach einer kurzen Autofahrt mit unserem Auto auf ein Teil, auf das ganz viele Autos nebeneinander und hintereinander passten. Wir stiegen aus und stellten uns dann vor eine Tür und warteten. Als die Tür aufging, war dahinter ein ganz kleiner Raum.

Hallo ihr vier, wollt ihr da wirklich rein? Das finde ich aber unheimlich. So eng! Nein, das will ich nicht. Da mache ich mich erst einmal steif.

Nachdem die Taktik nicht griff und alle ganz selbstverständlich den Raum betreten hatte, ließ ich mich überzeugen, auch den Schritt zu wagen. Die Tür ging zu und der ganze Raum fing an zu wackeln. Sehr unheimlich für einen Welpen. Und ihr glaubt es nicht: Als die Tür wieder aufging, waren dahinter nicht mehr die Autos, sondern ein ganz anderer Raum mit Stühlen und vielen Menschen. Zauberei!
Wir verbrachten eine ganze Zeit an der frischen Luft; das Ding, auf dem wir uns befanden, schaukelte die ganze Zeit hin und her, aber das machte mir nichts aus. Schließlich wiederholte sich die ganze Sache mit dem engen Raum noch einmal und wir waren wieder bei unserem Auto. Faszinierend. Jetzt hatte ich auch keine Angst mehr.
Wir fuhren weiter mit unserem Bus und verbrachten den Tag an einem

anderen Strand, in einem Restaurant und in einer Stadt. Für mich war alles sehr neu, teilweise sehr interessant, teilweise so erschreckend, dass ich mich hinter Herrchen verstecken musste. Und mein Rudel musste den ganzen Tag Fragen beantworten: Der ist ja süß. Welche Rasse ist das denn? Wie alt ist der denn? ...

❀

Irgendwann habe ich gelernt, dass der wunderbare Strand zu der Insel Rømø in Dänemark gehört, dass das viele Wasser die Nordsee ist und die Fahrt mit der Fähre mit dem Fahrstuhl zu der Insel Sylt ging.
Und eigentlich sind wir nur für kurze Zeit umgezogen, nämlich lediglich für eine Woche. Danach ging es wieder zurück in unser eigentliches Haus.
Ich war mir noch nicht ganz sicher, wo es mir besser gefiel. Aber ich war mir sicher, dass ich es irgendwann herausfinden würde.

❀

NOCH bist du stärker, Kristeen!

Chillen unter dem Trampolin

Party, Frauchen!

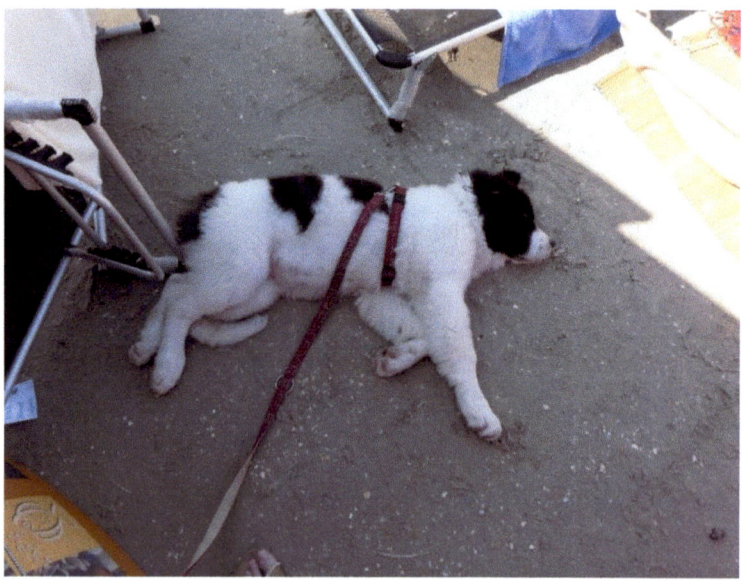

Jetzt mache ich erst einmal ein Nickerchen am Strand.

Soooo viel Wasser

Herrchen beschützt mich vor den vielen Menschen hier in der Fußgängerzone.

Arbeiten in der Fördereinrichtung

Jeder Mensch braucht eine Aufgabe! Und jeder Hund natürlich auch. Das denkt nicht nur meine Hundemama, sondern auch mein Menschenrudel. Eigentlich finde ich „chillen" auch ganz nett. Aber wenn sie meinen, dann mal her mit meinen Aufgaben. Schließlich suche ich ja noch nach DER Aufgabe für mich, wie ihr wisst.

Eine dieser Aufgaben ist meine Arbeit in Frauchens Fördereinrichtung. An vier Tagen der Woche gehe ich mit ihr, immer kurz nachdem ich meine Mittagsportion verspeist habe, rüber in das Haus auf dem Nachbarhof. Als ich das erste Mal dort hingehen sollte, traute ich mich überhaupt gar nicht. Alles war so unheimlich. Ich kannte den Weg nicht und dachte nur:

Stopp, Frauchen! Was soll das denn jetzt! Lass uns doch einfach zu Hause bleiben!

Aber nein, sie hatte natürlich kein Mitleid: Ohne Skrupel zog sie mich einfach sanft hinter sich, den Weg entlang, die Stufen hoch und hinein in die, für eine kleinen Hündin wie mich, so großen Räume. Aber ich geb's ja zu: Inzwischen weiß ich, dass sie es richtig gemacht hat, und ich fühle mich dort drüben pudelwohl- äh – landseerwohl.

Immer wenn die Haustür zur Fördereinrichtung aufgeht, laufe ich mit Karacho in den großen Raum, fliege dabei um die Kurven, nehme alles mit, was im Wege steht (Stühle, Schulranzen, Schüler ...), nur um in meine Ecke hinter Frauchens Schreibtisch zu kommen. Wenn sie dann auch endlich angekommen ist (manchmal muss sie eben hinter mir noch aufräumen), dann bekomme ich ein Leckerchen. Aber nur, wenn ich mich brav hinlege. Na klar, weiß ich doch. Mache ich doch ganz selbstverständlich. Inzwischen jedenfalls. Am Anfang war mir das mit der Ecke natürlich noch nicht so klar. Deshalb hatte Frauchen in der Einrichtung auch einen Zettel aufgehängt:

Liebe Schülerinnen und Schüler, liebe Eltern!

Darf ich mich vorstellen? Ich heiße

Chica

Das ist Spanisch und heißt „Mädchen". Ich bin also ein Mädchen. Besser gesagt: bei uns heißt das wohl eher Hündin. Seit ein paar Tagen bin ich bei meiner neuen Familie, den Meineckes, eingezogen.

Wir haben uns letztens kennen gelernt, und da die ganze Familie sehr traurig und niedergeschlagen war, weil meine Vorgängerin, die Sandy, aus Krankheitsgründen die Familie endgültig verlassen musste, habe ich beschlossen, dass ich bei ihnen einziehe, um wieder Leben und Freude in die Bude zu bringen. Klappt, glaube ich, ganz gut.

Aber ich habe auch schon gehört, dass ich nicht nur faulenzen kann, sondern auch arbeiten darf. Mein Frauchen sagt, sie hat jetzt eine „Fördereinrichtung mit Hund". Dort soll ich wohl helfen. Mal sehen, was da so alles auf mich zukommt. Natürlich muss ich erst noch alles lernen. Ich bin ja noch ein Baby (Sorry: Welpe). Bitte entschuldigt, wenn nicht alles gleich so läuft, wie ihr oder mein Frauchen es euch vorstellt. Ich werde versuchen, mein Bestes zu geben. Frauchen ist sich sicher, dass das klappen wird. Schließlich bin ich ein Landseer (so heißt meine Rasse) und die haben hauptsächlich zwei Jobs: Sie arbeiten bei der Wasserrettung oder als Therapiehunde. Landseer sind sehr ausgeglichen und freundlich.

Natürlich werde ich nicht den ganzen Nachmittag in der Fördereinrichtung sein. Dafür bin ich noch viel zu klein. Kinderarbeit ist schließlich verboten. Aber wenn ihr Glück habt, dann trefft ihr mich mal. Ich bekomme meinen Platz hinter Frauchens Schreibtisch. Da soll ich dann auch hauptsächlich liegen bleiben, es sei denn, Frauchen ruft mich. Na, das werde ich mir aber noch mal gut überlegen. Ist bestimmt langweilig, da so in der Ecke.

Aber ich werde ja auch vernünftiger und größer. Ja! Ich bin ein Landseer. Ich werde ziemlich groß. Wenn ihr euch meine Pfoten anseht, dann sieht man das jetzt schon.

Also! Dann auf gute Zusammenarbeit! Ich freue mich schon auf eure Streicheleinheiten und Leckerlis.

Um es uns allen etwas leichter zu machen, hatte Herrchen die besagte Ecke hinterm Schreibtisch so gebaut, dass ich dort nicht einfach wegkonnte. An zwei Wänden über Eck hatte er die Wände mit Holz geschützt und die Steckdosen versteckt, damit mir (und den Steckdosen) nichts passieren konnte. Und zur anderen Seite und nach vorne diente ein alter Wäscheständer als Abgrenzung. Frauchen war eher skeptisch, dass mich das abhalten würde, aber Herrchen war sich sicher, dass die Konstruktion reichte. Er setzte auf die psychologische Wirkung. Und was soll ich euch sagen: Es funktionierte. Ich lernte schnell, dass das „meine" Ecke ist, und nach kurzer Zeit brauchten wir die Absperrung gar nicht mehr. Natürlich musste ich von Zeit zu Zeit mal austesten, ob ich nicht doch einmal woanders in der Fördereinrichtung liegen durfte. Und manchmal darf ich das jetzt auch tatsächlich. Aber eigentlich liege ich ganz gern in meiner Ecke. Da kann ich wunderbar entspannen und dort schnarcht es sich am besten.

Aber ich bin natürlich nicht nur zum Schlafen mit in der Fördereinrichtung. Eine meiner Aufgaben besteht darin, Frauchens Terminkalender und andere Dinge, die sie so bei der Arbeit braucht, von unserem Haus in die Einrichtung zu tragen und abends wieder zurück. Frauchen hat extra eine Tasche dafür genäht, die ich gut in meine Schnauze nehmen kann. Ich liebe diese Aufgabe. Ganz stolz schmeiße ich meinen Kopf hoch und trage die Sachen bis in die Ecke. Warum ich das so liebe? Naaaaaa? Na, wegen der Leckerlis, die ich dafür bekomme. Auch DIESES hätte durchaus Potenzial, MEINE Aufgabe fürs Leben zu werden.

Abends bin ich allerdings nicht mehr in der Fördereinrichtung. Kristeen oder Herrchen holen mich immer ab, wenn sie wieder zu Hause sind. Aber Herrchen scheint irgendwie immer zu wissen, wann Frauchen Feierabend hat (keine Ahnung, wie er das macht), und dann lässt er mich nach draußen, sodass ich Frauchen am Tor abholen kann.

Hallo Frauchen, beeil dich. Hier bin ich!

Ich bin dann immer schon ganz aufgeregt, und wenn sie endlich kommt, reiße ich ihr fast die Tasche aus der Hand. Schließlich will ich mir ja das abendliche Leckerli nicht entgehen lassen.

Neben meinem Transportjob habe ich natürlich auch noch die Aufgabe, den Schülerinnen und Schülern *ein Lächeln ins Gesicht zu zaubern.* Und wenn ich etwas kann, dann das!!!

Die meisten freuen sich immer sehr, wenn sie mich sehen. Ich werde gestreichelt, manchmal kuscheln sie mit mir (das sind dann meistens die jüngeren Geschwister der Schüler) und einige ziehen auch schon mal meine Lefzen hoch, um zu gucken, wie meine Zähne aussehen. Na, das dürfen sie ruhig machen. Ich habe ja noch strahlend weiße Zähne. Ob ich sie später noch zeigen mag, überlege ich mir dann. Und ab und zu darf ich auch mal mit den Schülern Ball spielen. Sie rollen dann den Ball zu mir und ich schubse ihn mit meiner Schnauze wieder zurück. Frauchen sagt dabei immer so komische Sachen und der Schüler antwortet darauf. Frauchen sagt, so lernen die Schüler besser rechnen. Keine Ahnung, was das soll. Aber mir macht's Spaß. DIESES Spiel kann ich mir auch super als MEINE Aufgabe vorstellen. Und natürlich gibt's dann auch wieder Leckerlis. Ich hoffe für euch, dass ihr auch immer so viele Leckerlis für eure Arbeit bekommt. Ansonsten solltet ihr vielleicht lieber den Job wechseln. Nur so als Tipp!

Manchmal sind Frauchen und ich auch vormittags in der Einrichtung und bereiten irgendetwas für nachmittags vor. In diesem Fall darf ich mich immer in allen Räumen frei bewegen. Und dann sind da noch die „besonderen Tage". Da laufen alle in allen Räumen umher, und dann darf ich das meistens auch. Zu diesen Zeiten wird nämlich nicht gelernt, sondern gebastelt, gebacken oder so etwas. Das ist immer sehr lustig. Ich sehe mir immer alles genau an. Wie ich es eben gern hab: „Mittendrin statt nur dabei".

✳

Schülerrucksack als Kissen – sehr bequem

Harte Arbeit in meiner Ecke hinter Frauchens Schreibtisch

Die Auswahl der passenden Hundeschule

Als ich bei meinem Rudel einzog, war ich ein kleines, süßes Fellknäuel mit einem Gewicht von 15 Kilogramm. Aber natürlich war mein Rudel gut informiert und allen war klar: So klein und zart würde ich nicht lange bleiben. Woche für Woche nahm ich im Schnitt ein Kilogramm zu und meine Beine wurden auch immer länger. Das sorgte vor allem bei den beiden Frauen für einen leichten Anflug von Panik. Die Vorstellung von 40 bis 50 Kilogramm jugendlichem Hund an der Leine, der seinen eigenen Kopf durchsetzen möchte, ließ beide schon manchmal etwas unruhig schlafen. Herrchen war da deutlich entspannter.

Na ja, Herrchen, du hast mir ja auch ein paar Kilos mehr entgegenzusetzen als die beiden Frauen.

Also war sehr schnell klar: Eine gute Hundeschule musste her! Frauchen wollte eine Schule, die während der Trainingseinheiten gelegentlich mal in die Innenstadt geht, damit ich lerne, mich nicht nur auf dem Hundeplatz anständig zu benehmen, sondern auch in der Stadt. Damit kamen in unserer weiteren Umgebung zwei Hundeschulen in Frage. Wir wollten uns beide anschauen und uns dann entscheiden. Also den Impfpass geschnappt und ab zur Schule Nummer 1. Ein riesiger Platz mit ganz vielen Hunden. Ich war schon sehr gespannt. Aber so viele Hunde auf einmal machten mir doch ziemlich Angst. Viele waren so wild und so groß. Das waren nämlich nicht nur Welpen wie ich, sondern auch riesige ausgewachsene Hunde, und am Anfang durften erst einmal alle zusammen spielen. Ich hatte aber überhaupt keine Lust dazu.

Bitte passt auf mich auf! Rettet mich!

Ich versteckte mich hinter Frauchens oder Kristeens Beinen. Das war mir viel sicherer. Nachdem sich alle beim Spielen ausgetobt hatten, ging der eigentliche Unterricht los. Das lief dann wieder viel besser. Ich lernte ganz schnell, was ich machen sollte, und wurde gleich sehr gelobt. Ich war sehr stolz auf mich und Frauchen und Kristeen natürlich erst recht.

Beim zweiten Mal in Schule Nummer 1 fühlte ich mich schon sicherer und spielte ein bisschen mit dem einen oder anderen Hund. Okay, ich wurde auch noch oft von den Großen gejagt und musste mich verstecken. Aber für Frauchen war bis dahin hier alles gut!

Aber da war ja noch Hundeschule Nummer 2. Auch dorthin wollten wir mal einen Blick werfen. Hier lief die Sache allerdings ganz anders ab. In der Unterrichtsstunde, an der wir teilnahmen, waren nur Welpen dabei. Ich war zwar mit die Jüngste, aber - wie es sich für einen Landseer gehört - natürlich die Größte. Und hier wurde, im Gegensatz zu Schule Nummer 1, erst trainiert und hinterher gespielt. Außerdem waren wir viel weniger Menschen und Hunde. Auch hier war bis dahin alles gut!

Da Frauchen sich nicht sofort entscheiden konnte, nahmen wir einfach in beiden Hundeschulen an ein paar Unterrichtsstunden teil. Und dann begann Frauchens großes Dilemma:

Zu einer Einheit in Hundeschule 1 haben wir Herrchen einmal mitgenommen. Und da ich ja weiß, dass Herrchen es gar nicht mag, wenn seine süße kleine Babyhündin von den anderen unterdrückt wird, gab ich dieses Mal alles, damit er nicht leiden musste: Ich suchte mir einen jungen Schäferhund aus und jagte diesen so, wie ich es zuvor von den anderen großen Hunden gelernt hatte. Frauchen fand das nicht so toll. Na ja, hatte ich irgendwie erwartet. Aber zu meinem großen Entsetzen war auch Herrchen der Meinung, dass ich in so zum Raufer erzogen werden würde. Freies Spiel, ohne dass die Menschen irgendwie eingreifen: Da setzt sich eben irgendwann der Stärkere durch. Und ich war auf gutem Wege, sehr stark zu werden. Und bei zwanzig Hunden oder mehr kam auch im Unterricht nicht so wirklich viel rüber. Also hatte Frauchen eine schlaflose Nacht und dachte darüber nach, was denn jetzt zu tun sei.

Denn ziemlich zeitgleich hatten wir auch in Hundeschule Nummer 2 ein einschneidendes Erlebnis. Dieses Mal war Kristeen zum Zuschauen dabei und mein jugendliches Temperament ging an diesem Tag mit mir durch.

Was zur Folge hatte, dass die Hundetrainerin Frauchen zeigte, wie sie sich mir gegenüber durchsetzen konnte. Ich musste mich an die Seite legen und durfte erst wieder aufstehen, als ich mich ganz beruhigt hatte. Immer wenn ich versuchte, wieder aufzustehen, erinnerte Frauchen mich wieder daran, dass ich liegen bleiben sollte. Das nervte mich schon sehr. Und nicht nur mich! Kristeen war auf meiner Seite. Sie meinte hinterher, einen so kleinen Welpen könnte man doch noch nicht so behandeln. Das fand sie sehr gemein.

Ich bin ganz deiner Meinung, Kristeen. So geht das gar nicht!

Da war also Frauchens Dilemma. Bei Hundeschule Nummer 1 hatte Herrchen große Bedenken und Hundeschule Nummer 2 fand Kristeen nicht hundefreundlich genug.

Also wenn du mich fragst: Ich würde Schule Nummer 1 wählen. Die sieht eindeutig nach mehr Spaß für mich aus.

Aber Frauchen hörte tief in sich hinein, erinnerte sich an ihre Anfangspanik wegen der 50 Kilogramm oder mehr und vermutete dann, dass Hundeschule Nummer 2 eher die Erziehung vermitteln würde, die zu ihren Vorstellungen passte. Und so war die Wahl getroffen!
Inzwischen wissen wir alle, auch ich, dass die Auswahl nicht falsch war. Ich kann mich nämlich so gut benehmen, dass mein Rudel mich überall problemlos mit hinnehmen kann und ich nur selten alleine zu Hause warten muss. Und das ist für uns alle sehr schön, besonders natürlich für mich.

Mache ich das gut, Frauchen?

Ich bin größer als du.

Hoffentlich hält die Plattform.

Meine Rute hängt raus – der Wagen ist zu klein.

Über diese Leiter gehe ich nicht!

Ich werde erzogen

In die Hundeschule ging Frauchen am Anfang zweimal pro Woche mit mir. Und immer wenn es möglich war, begleitete Kristeen sie zur Unterstützung. Und am Anfang war Unterstützung schon oft von Nöten. Nein! Ganz am Anfang nicht. Ich bin ja ein schlaues Mädchen und habe wirklich sehr schnell gelernt, was ich machen sollte, wenn die Befehle „Sitz", „Platz", „Bleib", „Hier" usw. kamen. Ich war eine vorbildliche Schülerin und alles lief gut. Aber irgendwann fand ich die ganze Sache sehr langweilig und wollte die Stunden mal ein wenig aufpeppen. Außerdem hatte ich sehr viel Energie, die ich während des Unterrichts kaum in Schach halten konnte. Also begann ich zu experimentieren, ob ich mich wirklich hinsetzen musste bei „Sitz", wirklich hinlegen bei „Platz", wirklich bleiben musste bei „Bleib" und wirklich kommen musste bei „Hier". Es war sehr lustig, auch loszulaufen, wenn Frauchen von mir wegging. Allerdings nicht zu ihr, sondern zu meinen tierischen Freunden, die natürlich auch alle viel lieber spielen wollten, als sich an die Befehle ihrer Besitzer zu halten. Also dann, Attacke und die Gruppe war aufgemischt!

Hey Freunde, macht mit. Lasst uns spielen!

Dann gab es ein lustiges Fangspiel mit Frauchen, und immer wenn sie in meiner Nähe war, bellte ich sie auffordernd an und sprang hin und her. Das war total lustig! Zumindest meiner Meinung nach. Frauchen fand das allerdings irgendwie nicht so witzig. Also schnappte sie mich jedes Mal doch irgendwie und ich musste mich wieder hinlegen, bis ich mich beruhigt hatte. Das dauerte manchmal echt lange und die anderen setzten den Unterricht einfach fort. Frauchen war sehr unglücklich über solche Unterrichtsstunden. Wenn wir nach Hause kamen, forderte sie Herrchen manchmal auf, er solle mich wieder verkaufen, weil sie mich nicht mehr haben wollte. Das war eine schwere Zeit für sie mit mir als Junghündin. Aber natürlich wollte sie mich nicht wirklich wieder verkaufen. Oder doch? Na, Herrchen ist der Aufforderung zum Glück nie nachgekommen.

Danke, Herrchen.

Frauchen hatte Angst, dass ich ihr irgendwann über den Kopf wachse. So ein Quatsch! Ich sollte zwar groß werden, aber so groß ja nun auch wieder nicht. Ich glaube, sie meinte das nicht wörtlich. Außerdem wurde es langsam Herbst, und wenn Frauchen sich immer mit mir auf die Erde knien musste, wurde ihre Hose jedes Mal nass und ihr war kalt. Deshalb gab ich diese Eskapaden dann nach einiger Zeit bei ihr auch auf. Schließlich habe ich sie ja lieb und möchte nicht, dass sie unglücklich ist. Trotzdem war es noch für einige Zeit besser, wenn Kristeen mit von der Partie war und die Leine halten konnte, während Frauchen „Bleib" mit mir geübt hat. Dann fiel es mir einfach leichter, das zu machen, was ich sollte. Ein paar Monate später konnte ich die Übung dann natürlich perfekt. Ich lief auch zu keinen anderen Hunden mehr hin. Nur wenn Frauchen zu weit weg ging, fiel es mir noch schwer zu akzeptieren, dass ich nicht hinterher durfte. Aber ich schaffte es, das auszuhalten. Zumindest meistens!

Nachdem ich verstanden hatte, dass Frauchen sich durchsetzt, versuchte ich mein Glück bei Kristeen. Auf unseren Spaziergängen durch die Felder animierte ich sie immer wieder zu spielen, indem ich sie anbellte und ansprang. Man, war das toll. Jedenfalls für mich! Das war übrigens die Zeit, in der ein Freund von Kristeen uns auf unseren Spaziergängen begleitete. Als hundeunerfahrener Mensch musste ihm unser Spiel schon sehr befremdlich vorgekommen sein. Und dieses Spielchen spielten wir lange miteinander. Doch irgendwann drehte sich das Blatt für mich. Kristeen ging ohne Frauchen mit mir in die Hundeschule und holte sich Tipps von der Hundetrainerin, damit nicht mehr ich die Spielregeln bestimmte, sondern sie. Oh man! Ab da war es vorbei mit lustig. Kristeen ließ den Chef raushängen. Ab sofort hieß es: gehorchen! Wenn ich zu temperamentvoll mit ihr umging, musste ich den Rest der Spaziergangrunde an die Leine und bei Fuß gehen. Oder sie hat die gleiche „Leg-dich-auf-die-Seite-Methode" angewandt wie Frauchen. Es dauerte zwar einige Zeit und kostete

Kristeen auch viele Nerven, aber wir haben uns zusammengerauft. Inzwischen klappt es mit uns prima. Ich entlade meine Energie in Spielchen, die sie bestimmt. Das macht auch viel Spaß und ich muss mir nicht dauernd etwas Neues ausdenken; das ist jetzt ihr Job!

Und Herrchen? Ja, der erzieht natürlich auch mit. Er versucht, sich immer an das zu halten, was Frauchen und Kristeen ihm zeigen. So ziehen alle an einem Strang und ich habe ganz viel Sicherheit und weiß, dass ich mich auf alle drei verlassen kann. Das ist ganz entspannend für mich. Sie kümmern sich schon um die großen und kleinen Dinge meines Lebens. Auch wenn jeder so seine Eigenheiten in dem einen oder anderen Detail bei den Dingen hat, die ich so tun soll. Und auch wenn sie es nicht hundertprozentig schaffen, alles gleich zu machen: Ich schaffe es inzwischen problemlos, mich auf jeden Einzelnen einzustellen.

Die Sache mit den Würstchen in der Hundeschule

Nachdem wir schon einige Zeit zur Hundeschule gegangen waren, ereignete sich irgendwann im Frühjahr eine Sache, die Frauchen und ich wohl nie vergessen werden. Aber ich muss erst einmal etwas weiter ausholen. Um mich auch während des Winters ausreichend zu beschäftigen, war in dieser Zeit jeden Abend ein wenig Training im Wohnzimmer angesagt. Dazu gehörte auch regelmäßig, dass Kristeen oder Frauchen Leckerlis vor mich legten und ich diese erst auf Befehl nehmen durfte. Als Steigerung lagen die begehrten Fressalien dann sogar auf meinen Pfoten, während ich im „Platz" lag. Nach kurzen Verständnisschwierigkeiten zu Beginn habe ich die Sache aber ziemlich schnell verstanden und wir waren uns bei den Übungen immer einig. So weit, so gut!

Nun kam der besagte Tag in der Hundeschule. Alle Hundebesitzer bildeten einen Kreis, wir Hunde saßen neben unserem Menschen. Unsere Trainerin hatte an diesem Tag Würstchen mitgebracht. Drei lecker duftende, hinreißende Würstchen!

Hmmm, die möchte ich gerne fressen! Mal überlegen, wie ich das anstellen kann.

Und sie legte diese wundervollen Schöpfungen des stadtbekannten Schlachters in die Mitte des Kreises. Natürlich hatten wir Nasentiere sofort erkannt, um was es sich handelte. Aber Frauchen stand ja noch neben mir und hatte mich mitsamt meiner Leine unter Kontrolle. Die Aufgabe bestand, wie die Trainerin erklärte, darin, dem Hund das „Bleib" zu geben, an den Würstchen vorbei auf die andere Seite des Kreises zu gehen und den Hund zu rufen. Dieser sollte dann freudig zu seinem Menschen laufen und dabei die Würstchen selbstverständlich ignorieren. Hundehalter, die sich nicht so ganz sicher waren, ob ihr Hund die Wurst ignorieren könne, sollten zur Sicherheit die ganze Sache mit Leine und etwas weiter von den Würstchen entfernt machen. Soweit zur Theorie!

Ich weiß natürlich nicht, wie meine Mitschüler die Sache gelöste hätten, denn dazu kam es irgendwie nicht mehr. Wir waren nämlich als erste dran. Und da wir ja schon den ganzen Winter geübt hatten, Futter zu ignorieren und es erst auf Befehl zu nehmen, war Frauchen sich ganz sicher, dass das gut klappen würde. Sie also meine Leine fallen gelassen, ich bekam das „Bleib" und sie marschierte los, an den Würstchen vorbei auf die andere Seite des Kreises. Ich blieb brav sitzen, wie sie gesagt hatte. Und dann kam mein großer Einsatz! Frauchen rief „Hier" und machte dazu die bekannte winkende Armbewegung. Also bin ich mit allem, was ging, durchgestartet.

Yipiieh!

Allerdings nicht direkt zu Frauchen, dazu hatte ich keine Lust, sondern direkt in die Mitte des Kreises und schnappte mir die Würstchen. Leider hatte ich nur halbe Arbeit geleistet, ich hatte nämlich nicht alle drei, sondern nur zwei der leckeren Objekte im ersten Anlauf erwischen können. Herrchen wäre enttäuscht gewesen, wenn er dabei gewesen wäre. Oh man! War das auf einmal eine Aufregung. Frauchen lief wild winkend auf mich zu, was mich animierte, lieber in eine andere Richtung wegzulaufen. Die Trainerin wiederum animierte Frauchen, doch hinter mir herzulaufen, um sich ihrerseits die Würstchen zu schnappen. Das versuchte Frauchen dann zwar, aber ich war inzwischen fast ein Jahr alt. Sie war selbstverständlich chancenlos mit ihren zwei Beinchen gegen meine vier. Außerdem hatte ich den Geschmack der Wurst in meiner Schnauze und war durchaus nicht bereit, mit irgendwem zu teilen. Also schnell die Dinger runter geschlungen und weiter ging's. Ich hatte ja beim ersten Anlauf noch ein Würstchen verfehlt. Das musste ich mir unbedingt noch holen, bevor irgendjemand anderes auf die Idee kam. Aber bei dem Versuch hatte ich nicht mit der Boshaftigkeit dieses dritten Würstchens gerechnet. Als ich bei ihm ankam, hat mir dieses fiese Ding so richtig eins auf die Nase verpasst. Ich sage euch, das hat mich vielleicht erschreckt. Also bin ich schnell weg von dem gefährlichen Wurstteil und hin zu Frauchen.

Frauchen bedankte sich auch hinterher bei der Trainerin, dass sie ihr bei der Erziehung in Sachen Würstchen geholfen hätte. Ich weiß bis heute nicht, was sie damit meinte. Gut, die Trainerin stand in der Nähe, als ich das dritte Würstchen holen wollte, aber eigentlich hatte sie doch nichts gemacht. Eigentlich auch gemein von ihr. Sie hätte mich als meine Trainerin auch ruhig mal gegen so eine angriffslustige Wurst verteidigen können, oder?

❀

Das war das letzte Mal, dass ich von selber an Würstchen oder ähnliches herangegangen bin. Seitdem lasse ich vorher immer einen meiner Menschen schauen, ob die Dinger ungefährlich sind. Wenn sie sie mir dann in die Schnauze geben, kann ich mir sicher sein, dass ich sie fressen kann. Und wenn es in der Hundeschule Würstchen gab, was zu Trainingszwecken durchaus öfter mal vorkommen konnte, dann machte ich auf jeden Fall immer einen großen Bogen um die Dinger. Am Ende bekam ich sowieso immer ein Stückchen davon ab, aber sicherheitshalber aus Frauchens Hand.

❀

Auch Spielen muss man lernen

Spielen! Ich liebe Spielen! Spielen mit Herrchen, Frauchen, Lukas oder Kristeen. Jeder hat seine eigene Art, mit mir zu spielen.

Mit Herrchen kann ich zum Beispiel herrlich raufen. Er hat dann dicke Handschuhe an, in die ich reinbeißen darf, und wir ziehen beide um die Wette. Das finde ich extrem cool. Zwischendurch muss ich loslassen und mich hinsetzen und auf Kommando geht es dann weiter. Am Anfang wollte ich immer keine Pause machen, aber das fand Herrchen nicht so gut und es gab Ärger. Das will ich natürlich nicht und gönne ihm also zwischendurch immer seine Pause, damit er sich erholen kann.

Komm Herrchen, weiter!

An seiner Kondition diesbezüglich müssen wir eindeutig noch arbeiten.

Am Anfang spielte auch Frauchen dieses Spiel mit mir, aber sie hat ganz schnell aufgegeben. Sie ist einfach viel zu schwach für diese Raufereien. Wir haben uns auf ein Spiel mit der Reizangel eingeschossen, bei dem ein Futterbeutel an einem Stock mit einer Schnur hängt und Frauchen sich mit der Konstruktion im Kreis dreht, so dass ich nach Herzenslust hinterherjagen kann. Das macht riesigen Spaß. Besonders, wenn Frauchens Reaktionszeit zu wünschen übriglässt und ich den Futterbeutel erwische. Auch hier müssen wir für Frauchen zwischendurch immer wieder eine Pause zur Erholung einlegen. Aber immerhin bekomme ich dann eine Portion aus dem Futterbeutel.

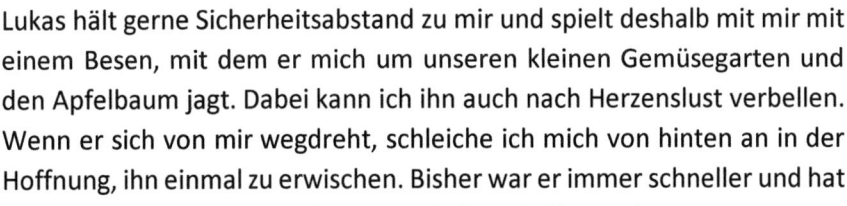

Lukas hält gerne Sicherheitsabstand zu mir und spielt deshalb mit mir mit einem Besen, mit dem er mich um unseren kleinen Gemüsegarten und den Apfelbaum jagt. Dabei kann ich ihn auch nach Herzenslust verbellen. Wenn er sich von mir wegdreht, schleiche ich mich von hinten an in der Hoffnung, ihn einmal zu erwischen. Bisher war er immer schneller und hat sich mit seinem Besen ratzfatz umgedreht. Ich übe noch.

Irgendwann erwische ich dich Lukas!

❀

Da Kristeen die Jüngste im Rudel ist, machen wir beide eher ruhigere Spiele. Apportieren, verstecken, Leckerlis auf die Pfote legen und solche Sachen. Da muss ich immer sehr mein Gehirn anstrengen, bin danach immer richtig fertig und muss im Anschluss eine Runde schlafen.

❀

Aber ich spiele natürlich nicht nur mit meinem Rudel, sondern auch mit anderen Hündinnen und Hunden. Wie ich das machen soll, lerne ich in der Hundeschule. So richtig gut kommt meine Art zu spielen nämlich nicht bei allen an. Ich bin halt sehr groß, größer als fast alle anderen und habe meinen Körper irgendwie nicht richtig unter Kontrolle. Wenn ich einmal Fahrt aufgenommen habe, ist es mir kaum möglich, auf den Punkt genau anzuhalten. Entweder ich überschlage mich selber oder ich fege „Objekte", die sich mir in den Weg stellen, einfach um. Und seitdem ich erkannt habe, dass ich so groß und stark bin, lasse ich auch sehr gerne mal die Chefin raushängen, wenn mein Spielkamerad Angst und Zurückhaltung signalisiert. Das allerdings ist nicht so gerne gesehen bei meinem Rudel, meiner Hundetrainerin und den Besitzern der anderen Hunde. Schnell fliegt da mal etwas und schlägt neben mir auf, damit ich mich erschrecke. Klappt manchmal, aber meistens eher nicht. Wenn ich es nicht schaffe, mich zu benehmen, muss ich an die Leine und es ist vorbei mit dem Spielen. Schade! Aber gut. Ich bin ja lernfähig und versuche, mich zu bessern.
Einmal jedoch passierte mir ein wirklicher Fauxpas und danach ging es Frauchen richtig schlecht. Wir spielten und die Hündin der Trainerin war auch mit dabei. Sie war noch sehr jung und selbstverständlich deutlich kleiner als ich. Und wie beschrieben gelang es mir nicht, zielgenau zu bremsen.

Achtung, Vorsicht! Geh zur Seite, ich kann nicht bremsen!

Aber die kleine Maus wusste wohl vor Schreck nicht wohin, blieb wie angewurzelt stehen, woraufhin ich sie leider wie ein Zug überrollte. Das tat mir natürlich selber sehr leid. Sie hatte Nasenbluten und Frauchen war sehr böse auf mich, entschuldigte sich tausendmal bei der Trainerin und konnte wohl auch in der nächsten Nacht gar nicht gut schlafen.

Hey, das war doch keine Absicht!

Aber es half nichts: Mit Frauchen war an dem Tag nicht gut Kirschen essen.
Nun, was soll ich euch sagen: Inzwischen weiß ich, wie ich spielen muss und habe meinen Körper meistens unter Kontrolle. Insgesamt bin ich aber schon eine eher tollpatschige Hündin, weshalb ich nicht mehr mit ganz kleinen Hunden spielen darf. Die interessieren mich aber eh nicht besonders. Der kleinen Hündin geht es gut, sie hat keinen bleibenden Schaden von unserer Karambolage davongetragen und wir beide sind richtig gute Freundinnen. Aber sie weiß, dass ich die Stärkere von uns beiden bin. Und Frauchen kann auch wieder schlafen.

Auch wenn es nicht so aussieht:
Wir sind ungefähr gleich alt.

Toben ist herrlich ...

... aber ich kann auch ruhiger.

Spaziergänge mit meinem Menschenrudel

Zu meinem großen Glück haben alle aus meinem Rudel Lust, mit mir spazieren zu gehen. Vormittags drehe ich in der Regel meine Runde mit Frauchen, da der Rest des Rudels zur Arbeit oder in der Schule ist. Nachmittags bin ich dann oft mit Kristeen, manchmal in Begleitung eines Freundes oder einer Freundin, oder auch mit Herrchen unterwegs. Wir gehen gerne durch die Felder, den Wald oder zu einem kleinen Flüsschen in unserer Nähe, zu unserem Fischteichgelände oder ins Dorf, um Einkäufe zu erledigen. Immer, wenn wir dabei Leuten begegnen, freuen sie sich und lächeln. Aber wir trotten nicht einfach nur so vor uns hin. Nein! Bei Frauchen gibt es keinen Spaziergang ohne Trainingseinheit. Bei Kristeen übrigens auch nicht. Wir üben natürlich immer „Bei-Fuß-Gehen", „Sitz", „Platz" und „Bleib" in verschiedenen Variationen. Das ist wichtig, sonst würde ich das vielleicht wieder vergessen, denken sie.

Das stimmt so natürlich nicht, aber wenn ihr meint.

Mir macht es Spaß und ich kann mir dabei immer Leckerlis erarbeiten. Außerdem kann ich mal richtig Gas geben, wenn ich „Bleiben" muss, Frauchen weiter weggeht und mich dann ruft. Dann komme ich mit meinen 50 Kilogramm mit Vollgas angesaust und freue mich jedes Mal tierisch über die Panik in Frauchens Augen, ob ich denn wohl auch rechtzeitig vor ihr zum Stehen kommen werde, oder ob sie im letzten Moment doch lieber noch zur Seite springen sollte. Ich formuliere es mal so: Wir hatten beide Fälle schon.

Mein Rudel ist auch wunderbar kreativ, wenn es darum geht, mich zu beschäftigen. Ich liebe meinen Futterbeutel. Das ist so ein kleiner Beutel mit Reißverschluss, in den eine kleine Portion meines Trockenfutters passt. Mit diesem Futterbeutel machen wir immer tolle Sachen. Das einfachste ist, dass sie den Beutel wegwerfen und mich mit dem Befehl „Apport" losschicken, um den Beutel zu holen. Meistens bringe ich ihn dann direkt zu ihnen zurück. Dann machen sie den Beutel auf und ich bekomme ein paar Brocken des Futters. Manchmal aber liegt mir noch so ein guter Geruch in der Nase, dass der direkte Weg zurück einfach nicht möglich ist, und ich einen kleinen Umweg machen muss. Oder meine Blase drückt dermaßen, dass ich mich unterwegs noch kurz entleeren muss, auch wenn es sich nur um ein paar Tröpfchen handelt. Anschließend bringe ich dann den Futterbeutel zurück, aber was sagt man dazu: Dann bekomme ich nichts.

Man! Pipi machen ist das Natürlichste der Welt. Unglaublich!

Manchmal ist mein Rudel aber auch fürchterlich ungeschickt und verliert meinen Futterbeutel unterwegs. Können die nicht besser aufpassen? Das geht doch nicht. Stellt euch mal vor, ich würde ihn anschließend nicht wiederfinden. Was würden wir denn dann machen? Aber eines muss man ihnen lassen: Es fällt ihnen immer irgendwann auf, und dann werde ich herangerufen, muss mich hinsetzen und sie schicken mich mit einem „Verloren" los, meinen geliebten Futterbeutel zu suchen. Da haben sie aber Glück, dass ich darin so gut bin. Wenn ich ihn wiedergefunden habe, freuen sie sich auch jedes Mal sehr und ich bekomme wieder ein paar Brocken aus dem Beutel

Auf unserem Grundstück zu Hause, an den Fischteichen oder im Wald versteckt mein Rudel den Futterbeutel auch gerne mal mit Absicht. Dieses Spielchen liebe ich besonders. Aber es darf nicht zu einfach sein, dann ist es ja langweilig. Sie legen mich also irgendwo ab, ich muss dort bleiben, sie gehen weg und tun an mehreren Stellen so, als würden sie den Futterbeutel dort ablegen. Wo sie ihn wirklich ablegen, versuchen sie so gut es geht zu verheimlichen. Manchmal sind sie dabei nicht gerade geschickt und ich sehe, wo sie den Beutel hinlegen, manchmal aber ist es auch wirklich schwierig für mich. Aber wenn ich dann losgeschickt werde, macht die Suche immer riesigen Spaß. Ich lasse mich auch nicht unterkriegen. Ich suche eifrig. Wenn ich mal ratlos bin, schaue ich zu Frauchen und die zeigt noch einmal in die Richtung, in der ich suchen soll. Das ist jetzt mein Lieblingsspiel. Jetzt! Einige Zeit hatte ich im Wald allerdings noch ein anderes Lieblingsspiel. Wenn Frauchen mit mir vom Weg abging auf eine Lichtung im Wald, um dort mit mir „Bleib" und „Hier" zu üben, rastete ich immer total aus. Es war dort sooooo schön, man konnte im Wald so schön rumtoben. Also zog ich immer wieder alle Register und bellte und sprang Frauchen mit allem, was ging, an. Das machte aber auch einen Spaß. Das gleiche „Theater" – wie Frauchen es nannte – veranstaltete ich ebenfalls in der Hundeschule, wenn wir eine Übungseinheit in den Wald verlegten. Auf das, was Frauchen von mir wollte, konnte ich mich überhaupt nicht konzentrieren, so aufgeregt war ich über die tolle Stimmung und die vielen Büsche und Bäume im Wald. Frauchen jagte dann immer hinter mir her, um mich irgendwie wieder unter Kontrolle zu bekommen. Das machte natürlich noch viel mehr Spaß. Aber jedes Mal, kurz bevor Frauchen völlig verzweifelt war, ließ ich mich doch noch von ihr wieder einfangen. Leider setzte sie diesem wunderbaren Spiel irgendwann dadurch ein Ende, dass sie mich jedes Mal für das „Bleib" an einen Baum angeband, wegging und ich warten musste, bis sie wiederkam. Sie war zwar immer in Sichtweite, aber ich fühlte mich dann doch immer sehr einsam. Also versprach ich ihr, nicht mehr völlig durchzudrehen und jetzt läuft die Sache wieder rund mit uns.

Eine meiner Lieblingsbeschäftigungen im Wald ist das Stöckchentragen. Ich suche mir selber ein Stöckchen, trage es zu Frauchen und zeige es ihr. Dann nimmt sie das andere Ende in die Hand und wir tragen gemeinsam das Stöckchen. Selbstverständlich muss dieses Stöckchen von der Größe her einem Landseer entsprechen, so dass wir nicht im eigentlichen Sinne von Stöckchen sprechen können. Unter einer Länge von 1,5 Metern kommt mir kein Stock in die Schnauze. Das Witzige an dieser Beschäftigung ist, das Frauchen immer so schön quietscht und zetert, wenn ich ihr den Stock bringe. Da der Stock ja nicht gerade kurz ist, treffe ich Frauchen schon das eine oder andere Mal mit dem Stock an ihren Beinen. Natürlich färbt der meist mit Grünspan bewachsene Stock dann auf ihre Hose ab.

Aber Frauchen! Das macht doch nichts! Du wirst doch sowieso immer dreckig, wenn du mit mir unterwegs bist. Denk doch nur an den Dreck von meinen Pfoten, meine Haare und meinen Sabber.

Da kommt es auf ein bisschen Grünspan doch nun wirklich nicht an, oder?

❀

Ganz tolle Spaziergänge habe ich auch immer, wenn Kristeen mit mir geht. Natürlich wird auch dabei immer trainiert. Kristeen ist ja sehr konsequent und es gibt kein Vertun: Ich habe zu gehorchen. Aber wir haben auch immer viel Spaß zusammen. Manchmal versteckt sich Kristeen irgendwo und ich muss sie dann suchen. Das ist super spannend und richtig toll. Dabei bin ich auch schon mal über einen Graben gesprungen. Eigentlich soll ich das ja nicht, wegen meiner Gelenke und Knochen. Aber einmal kann ja nicht so schlimm sein, oder? Es macht schließlich sooooo viel Spaß.

Wenn wir anderen Hunden auf unserer Runde begegnen, stellt sich für mich immer die große Frage: Darf ich toben, oder nicht? Prinzipiell heißt die Antwort erst einmal NEIN, aber leise anfragen lohnt sich im Grunde immer. Das geht natürlich nur im Feld oder im Wald. Im Dorf ist mir schon klar, dass ich keine Chance habe, Frauchen zu überzeugen. Aber wenn die Gelegenheit günstig ist, mache ich ihr immer klar, dass ich schon große Lust hätte, mit dem anderen Hund eine flotte Runde zu drehen. Inzwischen weiß ich ja nun, wie man richtig spielt. Und dann kommt es ja auch immer noch auf die Meinung des anderen Hundebesitzers an. Manche können sich überhaupt nicht vorstellen, dass ihr geliebter Wauzel mit einem Riesen wie mir spielen könnte, und andere wiederum sind völlig entspannt. Das sind mir natürlich die Liebsten. Denn da bietet sich mir die Chance auf Spielspaß. Meistens drehen der Kumpel und ich ein paar schnelle Runden und dann ist es auch schon gut. Schließlich bin ich keine Hochleistungssportlerin, sondern eher eine Hündin der gemütlichen Sorte. Danach trotte ich meistens auch gemütlich neben meinem Menschen nach Hause.

❀

Eine Sache sollte ich allerdings noch erwähnen, wenn es um Spaziergänge geht. Da ist noch die Sache mit den Hasen bei uns in den Feldern. Die sind nämlich besonders frech. Meiner Meinung nach gehören die auf die Felder und nicht auf die Wege. Aber genau dort setzen sie sich gerne hin, schauen mich an und strecken mir gefühlt die Zunge heraus. Das geht aber auch so gar nicht. Natürlich weiß ich, dass ich Hasen und auch Rehe nicht jagen soll, aber solch eine Provokation kann ich doch nicht auf mir sitzen lassen, oder? Also versuche ich durchzustarten, um den Hasen dorthin zu schicken, wohin er gehört. Leider gelingt mir das nie, weil am anderen Ende meiner Leine die Meinung herrscht, dass das NICHT MEINE Aufgabe ist. Ich bekomme Ärger von Frauchen oder Herrchen, weil ich mal wieder wie eine Verrückte in der Leine hänge. Okay! Ich gebe zu: In diesem Punkt muss ich noch an meiner Gelassenheit arbeiten. Vielleicht schaffe ich es ja noch im Laufe der Zeit, diese Langohren zu ignorieren. Im Moment aber gelingt es mir nur, wenn mein Mensch den Hasen eher sieht als ich und mir gleich Bescheid gibt, dass ich mich nicht um die Sache kümmern muss. Ansonsten sehe ich es einfach noch als meine Aufgabe an, für Ordnung im Feld zu sorgen. Und unter uns gesagt: Diese Arbeit würde mir eigentlich auch noch riesigen Spaß machen. Apropos Aufgabe: Das könnte doch ebenfalls die Aufgabe sein, die meine Mama meinte, oder? Allerdings meint mein Rudel das ja nun ganz und gar nicht und ich kann mir auch vorstellen, dass ich im höheren Alter die Sache als zu anstrengend ansehen könnte. Wir werden sehen.

Mein Stöckchen

Stadtmodus

Da es meinen beiden Frauchen sehr wichtig war, dass ich auch in der Stadt lernte, mich gut zu benehmen, damit sie mich immer mitnehmen können, haben wir das von Anfang an geübt. Frauchen und Kristeen nahmen mich schon als kleines Fellknäuel mit ins Kaufhaus, warteten mit mir vor der Drogerie oder dem Bäcker, während die andere einkaufte, oder nahmen mich mit ins Restaurant, um zu essen.

Alleine vor einem Geschäft zu warten, das habe ich erst später gelernt. Frauchen hatte immer Angst, dass ich geklaut werden würde, weil ich so flauschig und süß war. Inzwischen ist sie da entspannter: Eine 50 Kilogramm-Hündin nimmt im ersten Ansatz erstmal keiner so schnell mit. Aber flauschig und süß bin ich ja immer noch. Deshalb freuen sich auch hier immer die meisten Menschen, wenn sie mich sehen.

Auf jeden Fall habe ich bei unseren inzwischen unzähligen Stadtbesuchen gelernt: Benehmen und „Bei-Fuß-Gehen" ist angesagt, spielen ist verboten. Also schalte ich in meinen „Stadtmodus". Aufregen hat eh keinen Sinn, hier passiert nichts Actionreiches, also kann ich ganz entspannt umhergehen. Na gut, wenn ein anderer Hund kommt, gucke ich schon mal in seine Richtung, aber dieses Rumgebelle, was manche meiner Kollegen so an den Tag legen, das ist für mich völlig unverständlich. Besonders die kleinen Exemplare denken immer, sie müssten ihre mangelnde Größe durch eine vorsorglich große Klappe ausgleichen. Gar nicht nötig, ich will doch gar nichts von ihnen oder ihren Menschen. Also trotte ich brav neben meinen Menschen her und wir erledigen die Dinge, die da eben so zu erledigen sind. Ab und an warte ich vor einem Geschäft, manchmal komme ich mit hinein, je nach Art des Ladens.

Kristeen ist immer sehr besorgt, dass ich vor einem Stadtbesuch auf jeden Fall meine Geschäfte erledigt habe. Ihr wäre es nämlich furchtbar peinlich, wenn mir das mitten in der Fußgängerzone passieren würde. Ja! Ich gebe zu: Als ich noch kleiner war, musste ich einmal in der Stadt vor einem Modehaus ein Häufchen setzen. Es ging wirklich nicht anders. Es musste aus meinem kleinen Darm einfach ans Tageslicht. Nichts anderes war möglich. Frauchen hat die Sache dann auch schnell aus der Welt geräumt, aber seitdem hat Kristeen in der Beziehung ein Trauma.

Ach man! Du kannst dich entspannen, Kristeen: Inzwischen bin ich groß genug, damit mir so etwas nicht mehr passiert. Ehrlich!

Wenn wir so durch die Fußgängerzone gehen, um unsere Erledigungen zu machen, müssen wir grundsätzlich deutlich mehr Zeit einplanen, als wenn Frauchen alleine unterwegs wäre. Nein! Nicht weil ich so trödele. An mir liegt es nicht. Zumindest nicht vordergründig. Andererseits liegt es wohl doch an mir. Immer mal wieder werden wir von wildfremden Menschen angesprochen, was ich doch für eine schöne, gepflegte Hündin sei und um welche Rasse es sich denn bei mir handeln würde. Manche Menschen wissen auch schon, dass ich ein Landseer bin. Andere wieder erkundigen sich interessiert und wollen mehr über mich wissen. Ob ich lieb sei – selbstverständlich. Wie alt ich sei und ob ich viel fressen würde – selbstverständlich; ich habe immer Hunger! Oft fragen sie meine Menschen, ob sie mich anfassen und streicheln dürften – selbstverständlich; Streicheln ist immer schön! Inzwischen habe ich auch gelernt, dass ich bei kleinen Kindern oder auch größeren Leuten, die sich zu mir herunterbeugen, nicht gleich meine Pfote zur Begrüßung geben darf und Küssen ist meistens auch nicht erwünscht. Schade, denn ich küsse soooooo gut!
In der Stadt haben wir zufällig das Rudel meines Landseerfreundes Boomer kennengelernt, wir treffen uns seitdem regelmäßig, um zusammen spazieren zu gehen und zu spielen. Mit einer Hündin in meiner Größe und meinem auffälligen, freundlich wirkenden schwarz-weißen Fell kommt man immer wieder ins Gespräch mit allen möglichen Menschen. Das ist wirklich toll. Natürlich gibt es auch mal jemanden, der mir lieber aus dem Weg geht. Schließlich mag nicht jeder Hunde und schon gar nicht mit meiner Statur. Dann nimmt Frauchen meine Leine ein wenig kürzer und wir machen einen Bogen. Schließlich wollen wir niemanden erschrecken. Aber ich bin mir sicher: Wenn mir diese Menschen eine Chance geben würden, dann würden sie mich innerhalb kürzester Zeit lieben.
Natürlich waren wir auch schon mit unserer Hundeschule in der Stadt. Frauchen hatte sie ja extra danach ausgesucht, dass auch Stadttraining

angeboten wird. Nachdem wir aber schon so oft vorher in der Stadt waren, war eigentlich kein wirkliches Training mehr nötig. Frauchen hat noch ein paar Tipps von der Trainerin bekommen und gelernt, dass sie mir voll und ganz vertrauen kann. Damit hatten wir offiziell unseren Stadt-Führerschein bestanden.

❀

Stadttraining

Big Sale – mich gibt es nur in 100 %.

Unterwegs mit Freunden

Boomer habe ich euch ja bereits vorgestellt. Mit ihm sind Spaziergänge immer wirklich cool. Mit einem Hund derselben Rasse spielt es sich doch immer am besten. Boomer hat meinem ausgelassenen Temperament auch wirklich genug entgegenzusetzen. Manchmal ist er mir aber auch zu grob. Dann flüchte ich gerne zu Frauchen. Aber im Großen und Ganzen verstehen wir uns super. Allerdings ist Boomer acht Monate älter als ich, so dass wir warten mussten, bis ich eine gewisse Größe erreicht hatte, bevor wir uns treffen konnten. Das war auf jeden Fall besser für meine Gesundheit bei Boomers ebenfalls ausgeprägtem Temperament.

Anders verhält es sich mit Freya. Freya, auch eine Landseerhündin wie ich, wohnt bei uns in der Nähe, ein paar Straßen weiter, zusammen mit ihrem Menschenrudel: Bettina und Thomas. Freya ist drei Jahre älter als ich und insgesamt viel, viel ruhiger als Boomer. Mit Freya können wir sehr gut spazieren gehen. Da bin ich eher die, die ihr überschäumendes Temperament in den Griff bekommen muss. Schwierig!
Thomas und Bettina liebe ich übrigens auch sehr. Sie haben immer Leckerlis auf Tasche. Frauchen ist schon so manches Mal hinter mir hergeflogen, weil ich schnell zu ihnen und zu Freya wollte. Inzwischen hat sie aber den Bogen raus: Wenn wir uns am Schützenplatz treffen, bindet sie mich an einem Verkehrsschild fest.

Hey Frauchen, das finde ich ausgesprochen doof!

Aber für ihre Gesundheit ist es bestimmt deutlich besser. Wenn ich mich beruhigt habe, marschieren wir gemeinsam los. Und dann watscheln Freya und ich nebeneinander her und wackeln mit unseren Popos. Aber das muss ich neidvoll eingestehen: Das kann Freya deutlich besser als ich.

Frauchens Freundin Bianka hat auch zwei Vierbeiner: Chase und Luiggi (Rasse: Mops). Auch wir sind schon einmal gemeinsam spazieren gegangen. Das war mal ein Bild: Der Größenunterschied ist schon gewaltig, aber aus meiner Sicht hat das sehr gut geklappt. Chase hat sich eher zurückgehalten, aber Luiggi und ich sind nebeneinander vorneweg. Toben war natürlich nicht so angesagt, damit die Kleinen nicht unter meiner Tollpatschigkeit zu leiden hatten. Ich hab's ja manchmal nicht so mit dem rechtzeitigen Bremsen.

❀

Und dann sind da natürlich noch meine beiden besten Freundinnen: Bailey und Suna. Die beiden sind Golden-Retriever-Hündinnen. Mit denen und natürlich ihren Frauchen Monika und Moni (so nennt mein Frauchen sie immer, um sie namentlich zu unterscheiden) gehen wir regelmäßig, fast jede Woche immer mittwochs unsere Runde. Uiih, was freue ich mich immer, wenn wir bei ihnen ankommen. Ich kann es kaum erwarten, dass wir losgehen. Frauchen versucht immer, mit ihren erzieherischen Maßnahmen Ordnung in den Spaziergang zu bringen, aber ich liebe es, mit Bailey und Suna zu toben, in den Wassergräben zu planschen und über die Felder zu stromern. Das geht dort nämlich besonders gut, weil Frauchen sich nicht komplett auf mich konzentriert, sondern mit den Frauen quatscht.

Meine Chance! Wow, und mit Schwung in die Matschpfütze am Feldrand.

Bailey und Suna machen auch mit! Was für ein Spaß! Hinterher sind alle Frauen sauer und wir müssen den Rest der Runde an der Leine weitergehen. Macht nichts! Hat sich trotzdem gelohnt. Für den Spaß nehmen wir das gerne in Kauf.
Ansonsten machen wir auch immer Übungen: Sitz, Bleib, Hier, Leckerli. Das hat Frauchen schon gut gelernt!

Und wenn wir wieder bei Baileys Haus ankommen, gibt es für uns drei auch immer noch eine Kaustange. Egal, ob wir brav waren oder nicht. Also? Was lernen wir daraus? Könnt ihr ja mal selbst überlegen.

❈

Mit Boomer in Aktion

Luiggi und Chase

Freya

Na, Frauchen, hast du Freya und mich im Griff?

Bin ich wirklich kleiner als Suna und Bailey?

Hier sind die Dimensionen wieder ins rechte Licht gerückt.

Das Doggybike

Eines Abends saß Herrchen im Wohnzimmer und Frauchen werkelte in der Küche. Ich lag im Flur, da ich von dieser zentralen Position aus beide im Blick haben kann. Ich mag es immer sehr, wenn ich den Überblick über mein Rudel habe. So fühle ich mich am wohlsten.

Ich liege also so da und träume vor mich hin, als Herrchen plötzlich ganz aufgeregt ruft, dass Frauchen mal ins Wohnzimmer kommen solle. Bei der Aufregung bin ich natürlich auch sofort aufgesprungen, um zu sehen, was Herrchen denn in solch eine Unruhe versetzen konnte. Leider waren sowohl Frauchen als auch ich zu spät: Herrchen hatte etwas in diesem flimmernden Kasten gesehen, was er uns zeigen wollte, aber es war nicht mehr zu sehen.

Ein paar Tage später wiederholte sich das Spielchen in ähnlicher Weise, aber dieses Mal konnte Frauchen sehen, um was es ging, und war ähnlich angetan wie Herrchen. Ich hatte keinen blassen Schimmer, was die beiden meinten. Es musste aber etwas Tolles sein, wenn sie so begeistert waren. Einige Zeit später machten wir an einem Freitagnachmittag einen kleinen Ausflug. Ich merkte, dass etwas Spannendes passieren würde, schließlich habe ich gute Antennen, was das Gefühlsleben meiner Menschen angeht. Wir fuhren also mit unserem Bus los und endeten auf einem großen Hof mit einigen Menschen und einem Geschäft, in dem es Fahrräder gab. Ich musste erst einmal im Auto warten und Frauchen und Herrchen verschwanden in dem Laden.

Nach einiger Zeit kamen sie wieder heraus und Herrchen holte mich aus dem Auto. Frauchen saß auf einem Fahrrad. Aber was war denn das? Ein normales Fahrrad kannte ich ja schon. Kristeen fuhr jeden Morgen mit ihrem Fahrrad zur Schule, und wenn sie mittags nach Hause kam, holte ich sie immer vom Tor ab und wir fuhren gemeinsam ins Carport hinter das Haus. Aber dieses Ding sah irgendwie so anders aus. Es hatte auch Räder, aber drei Stück statt zwei, einen Sattel und so einen komischen Kasten vorn. Ich musste mich neben den Kasten stellen und Frauchen und Herrchen diskutierten, ob ich denn wohl in diesen Kasten passen könnte.

Nein! Stopp! Ich will da nicht rein. Was soll denn das!

Zum Glück beschlossen sie, dass ich nicht Probe fahren sollte, da man mich mit meiner Größe und stolzen Kilozahl nicht über den Rand der Kiste heben konnte. Also haben sie per Augenmaß abgeschätzt, ob die Kiste wohl für mich ausreiche würde.

Ist doch eh egal. Da gehe ich sowieso nicht rein. Und reinheben könnt ihr mich schon gar nicht. Also können wir auch wieder nach Hause fahren.

Dafür die ganze Aufregung? Frauchen hat dann noch ein paar Runden mit dem Ding gedreht, erst langsam, dann schneller. Sie sprach von einem merkwürdigen Fahrgefühl, und dass man sich an das Ding erst einmal gewöhnen müsse.

Brauchst du nicht, Frauchen. Ist echt nicht nötig. Mir ist das Teil sowieso sehr suspekt.

Nachdem Herrchen dann auch noch gefahren war, stiegen wir wieder in unseren Bus und fuhren nach Hause. Ohne das Ding! Zum Glück hatte ich mich durchgesetzt!

Aber wie sich später herausstellen sollte, wohl nur für den Moment. Etwa zwei Wochen darauf baute Herrchen alle Sitze aus unserem Bus aus und Frauchen und Herrchen fuhren ohne mich weg. Ich wartete in der Zeit schlafend zu Hause, wie ich es eben so mache, wenn ich einige Zeit alleine verbringen muss.
Als sie ein paar Träume später wieder auf den Hof rollten, durfte ich auch gleich mit nach draußen, um zu sehen, was sie mitgebracht hatten. Ich traute meinen Augen nicht. Da holten sie doch wirklich dieses merkwürdige Fahrrad aus dem Bus. Ich hatte mich doch ausdrücklich dagegen

ausgesprochen.

Was soll denn diese unnötige Geldausgabe? Das war doch bestimmt teuer. Dafür hätten wir doch säckeweise Hundefutter und leckere Kauknochen kaufen können.

Aber gut, wenn das Ding schon da war, dann konnte ich meine weibliche Neugierde natürlich nicht zurückhalten und musste es erst einmal näher betrachten. Es roch noch ganz neu und glänzte in der Sonne. Der Rahmen war schwarz, die Kiste aus braunem Holz. OKAY, schick sah es ja aus. Und mehr, als von außen daran rumzuschnüffeln, brauchte ich auch nicht zu tun. Frauchen fuhr erst einmal eine Runde und ich lief ein kleines Stückchen auf dem Hof nebenher.

Ja, Frauchen, so ist das o.k. für mich.

Herrchen montierte an dem Tag noch eine große Klingel in Weiß mit schwarzen Punkten. Ganz in Landseerfarben, meinte Frauchen. Außerdem legten sie einen Badezimmerteppich in die Kiste - die gleiche Art, die für mich auch schon im Bus liegt, damit ich nicht ausrutsche. Herrchen hat dann noch grünen Anti-Rutsch-Teppich an der Klappe montiert, die man vorne aufmachen kann. Ja! Das ist nämlich der große Unterschied zu dem Rad, das sie davor Probe gefahren waren: Meine Menschen haben die Dog-Version des Rades gekauft, mit einer Klappe für mich zum Ein- und Aussteigen. Das fand ich ja nun wieder sehr nett. Aber ob ich wirklich dort einsteigen wollte, dass musste ich mir noch gründlich überlegen.
Einen Tag später setzte Frauchen meinen Überlegungen dann ganz schnell mit ein paar sehr guten Leckerlis (Würstchenstückchen vom besten Fleischer im Ort, ihr erinnert euch an die Geschichte von der Hundeschule) ein Ende.

Selbstverständlich steige ich ein, wenn ich dann Würstchen bekomme.
So! Jetzt war ich vorwärts in die Kiste gestiegen, aber wie nun wieder

herauskommen? Also drehte ich mich um und sprang durch die Öffnung wieder heraus. Die Enge machte mich noch ganz schön nervös, aber Würstchen sind ja soooo lecker. Das Ganze wiederholten wir ein paar Mal und dann war Schluss.

Schade, Frauchen. Ich hätte auch noch Appetit auf mehr Würstchen.

Am Tag danach übte Frauchen das Ganze mit mir noch einmal. Jetzt wusste ich ja schon Bescheid und alles lief prima. Aber als Frauchen an Tag drei dann die Klappe hinter mir zugemachte, da bekam ich es mit der Angst und sprang über den Rand der Kiste, um der engen Situation zu entkommen. Frauchen war beeindruckt, wie toll ich doch springen konnte. Ich glaube, damit hatte sie nicht gerechnet. Wir versuchten es dann noch zweimal, aber als ich jedes Mal wieder rausprang, meinte Frauchen, dass das so nicht gehen kann. Sie holte mein Geschirr und eine Leine, lockte mich wieder mit Würstchen in die Kiste und entwickelte eine Art Anschnallsystem, damit ich nicht mehr heraushüpfen konnte. Und nach ein paar weiteren Übungen war mir dann auch klar, dass die Klappe geschlossen gar nicht schlimm war. Ich konnte mich sogar dagegenlehnen.
Wieder einen Tag später ging das Training weiter, sodass ich immer entspannter wurde. So merkte ich auch gar nicht, dass Frauchen schon ein paar Zentimeter mit mir gerollt war. Na ja, ich war auch wieder hauptsächlich auf die Würstchen konzentriert und bekam das Rollen eigentlich gar nicht mit. Aber Frauchen freute sich riesig über den Erfolg.
Und dann meinte Herrchen, er würde gar nicht so ein langes Gewese davon machen, sondern einfach mal mit mir losfahren. Die letzten Tage hatte Frauchen auch schon mit dem Fahrrad geübt gehabt, damit sie gut damit zurechtkam, bevor sie mit mir darin einen Versuch startete. Auf Herrchens Rat hin holte Frauchen dann eine Tube mit Leberwurst aus dem Haus, setzte sich auf den Sattel, hielt mir die Leberwurst vor die Nase und fuhr los. Ich schaute zu Frauchen, mit dem Rücken zur Fahrtrichtung und merkte vor lauter Leberwurst überhaupt nicht, dass wir fuhren, sondern war nur damit beschäftigt, die Wurst aus der Tube zu lecken.

Wir fuhren auf der Straße, und als wir wieder an Herrchen vorbeikamen, wurden wir von ihm fotografiert und gefilmt. Normalerweise lege ich mich ja immer ins Zeug, wenn ich fotografiert werde, aber in diesem Moment hatte ich wegen der Leberwurst keine Zeit. Klar habe ich irgendwann auch gemerkt, dass wir fahren. Aber wenn es Leberwurst gab, dann konnte ich dieses merkwürdige Gerüttel und Geschaukel auch ohne Schwierigkeiten ertragen.

❀

Inzwischen haben Frauchen und Herrchen mein „Doggybike", wie wir es im Rudel nennen, noch ordentlich aufgepeppt und ich habe es absolut lieben gelernt. Es gibt hinten auf dem Gepäckträger einen Korb und unter dem Lenker an der Kiste eine Tasche, damit wir auch mal einen kleinen Einkauf transportieren können. In der Kiste sitze ja ich, da passt dann nichts Zusätzliches mehr rein. Die rechte Seite der Kiste ziert jetzt ein Aufkleber mit dem Text „Landseer on Tour" und dazu hat Frauchen noch Hundepfotenabdrücke in Weiß aufgeklebt. Auf die andere Seite hat sie Werbung für ihre Fördereinrichtung aufkleben lassen. Und unser Doggybike ist wirklich hervorragend für Werbung geeignet. Es gibt wohl kaum ein auffälligeres Verkehrsmittel in unserem Ort. Wenn wir unterwegs sind, sind uns hinterherschauende Blicke gewiss. Wir sehen aber auch ungewöhnlich aus: Das für unser Dorf sehr ungewöhnliche Fahrrad und dann auch noch mit solch einer großen schwarz-weißen Hündin vorne drin. Inzwischen fühle ich mich darin so wohl, dass ich mich immer in Fahrtrichtung drehe und mir während der Fahrt den Wind um die Ohren wehen lasse und die Gegend anschaue. Wir geben schon ein witziges Bild ab,

zaubern den Menschen im Vorbeifahren immer wieder ein Lächeln ins Gesicht

und ernten die Worte:

Die hat's gut!

Oft möchten sie sehr gerne mit mir tauschen. Das kommt mir aber nicht in die Tüte.

Sogar Kristeen hat inzwischen ihren „Doggybike-Führerschein" gemacht. Auch mit ihr bin ich gerne unterwegs. Wenn wir eine Tour machen, mein Rudel und ich, dann laufe ich erst einige Zeit neben dem Fahrrad oder frei. Da ich ja aber nicht überanstrengt werden soll, damit meine Gelenke keinen Schaden nehmen, kann ich dann irgendwann in mein Doggybike einsteigen. Meist bin ich dann schon ganz schön k.o. und freue mich, gefahren zu werden. Ich liebe mein Doggybike.

Deshalb bin ich immer sehr beleidigt, wenn Frauchen freitags vormittags ohne mich mit meinem Fahrrad losfährt. Dann fährt sie immer einkaufen. Früher hat sie dazu das Auto genommen. Inzwischen macht sie den Wocheneinkauf mit dem Doggybike. Das spart Benzin und ist gut für die Umwelt, sagt sie. Kann ja sein. Aber ich bin trotzdem immer sehr traurig, wenn sie ohne mich mit meinem Rad vom Hof fährt.

Frauchen, bitte nimm mich mit!

Dafür ist es immer besonders schön, wenn Frauchen oder auch Kristeen mit mir mit dem Bike zur Hundeschule fahren. Auch dort sind von unserer Neuanschaffung alle begeistert. Und ich habe so ein Gefühl, als ob unser Doggybike nicht das letzte Gefährt dieser Art in unserem Ort sein wird.

Mein neues Gefährt – mein Doggybike

Mit Frauchen auf Tour

Schneller, Frauchen!

Noch mehr Arbeit

Letztens habe ich euch ja schon von meiner Arbeit in der Fördereinrichtung berichtet. Das ist aber noch lange nicht alles, was ich so als vollwertiges Rudelmitglied zu leisten habe. Als ich frisch bei meinem Menschenrudel eingezogen war und mich ein wenig eingelebt hatte, entdeckte ich schnell, dass es doch an einigen Stellen viel für mich zu tun gab. Außerdem war ich ja immer noch auf der Suche nach MEINER Aufgabe.

So kümmerte ich mich also in meinem ersten Sommer bei ihnen erst einmal ausgiebig um die Umgestaltung des Gartens. Das Beet mit den Erdbeeren musste dringendst umgepflügt werden, was ich mit Begeisterung erledigte. Meine Bälle rollten immer wieder wie durch Zauberhand in das Beet und ich musste mich mit Schwung auf sie stürzen, damit sie nicht wieder abhauten. Dabei ließ sich die Umpflügeaktion quasi wie von selbst erledigen. Nebenbei noch ein paar Erdbeeren genascht und so habe ich das Angenehme mit dem Nützlichen verbinden können. Frauchen war jedes Mal total begeistert von meiner Arbeit. So habe ich das zumindest gedeutet, weil sie immer sehr aufgeregt war, wenn sie mein Ergebnis begutachtete. Inzwischen haben Herrchen und Frauchen allerdings einen Zaun um das Beet gezogen. Wenn Frauchen jetzt im Beet ihr Grünzeug zupft, liege ich außen und gucke unter dem Zaun durch. Na ja, mein Job war ja auch erledigt.

Dann müsst ihr euch eben ab jetzt alleine um die Restarbeiten kümmern.

Umpflügen scheint also auf Dauer NICHT MEINE Aufgabe zu sein.

Aber meine Gartenarbeit war ja mit dem Erdbeerbeet noch lange nicht erledigt. Der zweite große Punkt auf meiner To-Do-Liste war die „Modellierung" des Brombeerbusches, der genau vor dem Terrassenfenster unserer Küche steht. Ich liebe Brombeeren. Die schmecken wirklich lecker und direkt vom Busch gepflückt sind sie eine besondere Delikatesse (nur nicht erwischen lassen!). Aber dieser Busch war aus meiner Sicht viel zu groß geworden und versperrte mir von der Küche aus die Sicht auf die Straße. Und da ich ja ganz nebenbei auch noch die Aufgabe habe, das Haus und das Rudel zu bewachen (Ach! Ich bin aber auch viel beschäftigt!), muss ich doch dringend die Auffahrt bis zur Straße im Auge behalten können. Also habe ich im ersten Sommer auch noch den Brombeerbusch bearbeitet. Das war allerdings eine Geschichte, die nicht in kurzer Zeit zu erledigen war. Ein paar Wochen dauerte das wohl. Ja, und vielleicht bin ich auch ein wenig über das Ziel hinausgeschossen. Immer wieder, wenn meine Zeit es erlaubte, kaute ich einen Trieb ab, schleppte ihn auf den Rasen und schredderte ihn, so gut es eben ging, klein. Ich habe wirklich alles gegeben. Das war harte Arbeit. Am Ende konnte ich wirklich sehr gut gucken! Und das ganze Rudel war gespannt, ob der Brombeerbusch sich im nächsten Jahr wohl wieder erholen würde.

Ich kann euch verraten: Er hat! Doch zu voller Größe ist er bisher nie wieder zurückgekehrt. Ich brauchte also noch nicht wieder ran. Aber ich habe ihn unter Beobachtung.

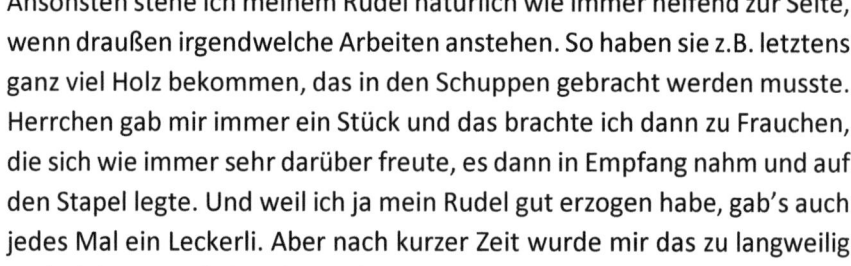

Ansonsten stehe ich meinem Rudel natürlich wie immer helfend zur Seite, wenn draußen irgendwelche Arbeiten anstehen. So haben sie z.B. letztens ganz viel Holz bekommen, das in den Schuppen gebracht werden musste. Herrchen gab mir immer ein Stück und das brachte ich dann zu Frauchen, die sich wie immer sehr darüber freute, es dann in Empfang nahm und auf den Stapel legte. Und weil ich ja mein Rudel gut erzogen habe, gab's auch jedes Mal ein Leckerli. Aber nach kurzer Zeit wurde mir das zu langweilig und ich legte mich draußen neben Herrchen und Kristeen und passte auf, dass sie alles richtig machten.

Das ist nämlich auch eine sehr wichtige Aufgabe, oder?

Wir arbeiten aber nicht nur zu Hause, sondern auch ab und zu auf unserem Fischteichgelände. Da bin ich total gerne und dort haben wir immer viel Spaß. Auch dort half ich schon, Holz hin und her zu tragen. Aber ich war auch schon mit Herrchen im Fischteich und wir haben Schilf geschnitten und aus dem Teich herausgeworfen - zumindest Herrchen. Ich war mehr damit beschäftigt, umherzuhüpfen und Frösche und Wasserläufer zu jagen. Später half ich dann Frauchen, das Schilf zu transportieren. Okay! Es war nicht immer die Richtung, die Frauchen für sinnvoll hielt, aber fleißig war ich. Am Ende war das Schilf auf dem gesamten Grundstück verteilt und ich durfte nicht mehr helfen. Das war ein toller Tag.

Zu meinen immer wiederkehrenden Aufgaben gehört das Hereintragen von eingekauften Dingen ins Haus, der Transport von Papiermüll für Birgit (das ist unsere Nachbarin, von ihr erzähle ich euch später mehr) und das morgendliche Ins-Haus-Holen der Tageszeitung. Meistens erledigen wir das morgens, wenn Kristeen zur Schule losfährt. Dann schickt mich Frauchen mit meiner Tasche zum Tor und Kristeen holt die Zeitung aus dem Briefkasten und packt sie mir in die Tasche. Wie der Wind laufe ich dann zurück und stürme durch die Terrassentür in die Küche. Im Weg stehen darf da nichts. Das wird sonst plattgewalzt. Schließlich bin ich dann auf dem Weg zu meinem morgendlichen Leckerli. Da sind mir doch ein paar verschobene Teppiche schnurz. Leckerli, morgendliche Futterportion, Sofaecke, weiterschlafen.

Dieser Brombeerbusch macht aber auch viel Arbeit.

Morgentlicher Arbeitseinsatz

Wieso bin ich euch keine Hilfe? Das kann ja gar nicht sein.

Herrchen, machst du das auch richtig mit dem Holz?

Meine Tasche

Zoobesuch

Am Anfang meiner zweiten Sommerferien unternahmen wir etwas ganz besonders Ungewöhnliches. Herrchen musste leider arbeiten, aber Kristeen, Frauchen, Julia (Kristeens Patentante) und ich fuhren zusammen in einen Zoo. Ich wusste bis dahin überhaupt noch nicht, was ein Zoo ist und was man dort machen kann. Kristeen hatte von Julia und anderen Verwandten einen Gutschein geschenkt bekommen, einmal Tierpflegerin bei den Giraffen sein zu dürfen.

Wir fuhren von uns aus eine ganze Zeit, nachdem wir Julia von ihrem Zuhause abgeholt hatten. Ich war schon ganz gespannt, wo es wohl hingehen sollte. Also schaute ich wie fast immer aus dem Autofenster heraus. Ich bin ja groß genug und kann super sowohl nach vorn als auch zu den Seitenfenstern aus unserem Bus blicken. Nachdem wir nach einer längeren Autobahnfahrt endlich auf einem Parkplatz angekommen waren, stiegen wir aus und es ging los Richtung Zoo. Wir hatten schon einige Meter hinter uns gebracht, da fiel uns auf, dass Kristeen etwas Wichtiges vergessen hatte: ihren Ausweis. Keine Ahnung, was das ist. Aber sie hatte ihn zum Glück im Auto. Also lief sie noch schnell zurück und holte ihn. Wir mussten warten. Das ist ja gar nicht meine Stärke. Und schon gar nicht, wenn sich einer aus dem Rudel entfernt.

Kristeen fehlt! Wo ist sie nur?

Aber okay! Ich hielt es irgendwie aus. Außerdem ging es schon weiter. Endlich waren wir beim Eingang des Zoos angekommen.

Ui! Hier riecht es aber sehr interessant.

Noch einmal mussten wir warten – schon wieder! Puh! Dann kam eine Frau und unterhielt sich mit uns, Frauchen musste etwas unterschreiben und schon durften wir hinter der Frau hergehen. Es ging vorbei an Tieren, die ich noch nie gesehen hatte. Ich musste brav „Bei-Fuß" gehen, was mir zugegeben echt schwerfiel. Ich wäre doch so gerne näher gucken gegangen. Aber ich hatte schon bemerkt: Hier hieß es brav sein. Irgendwann kamen wir an einem Gehege an, in dem standen wirklich große, graue Tiere mit sehr großen Ohren und einer sehr langen Nase, mit der sie Gegenstände vom Boden aufheben konnten. Man, da hält man sich wohl besser etwas ferner. Dort trafen wir auch einen Mann, einen Tierpfleger, und Kristeen und Julia verschwanden mit ihm in einem hohen, runden Haus. Frauchen und ich warteten auf einer Bank mit Blick auf die Elefanten, wie Frauchen sie nannte. Als uns langweilig wurde, gingen wir einfach mal los. Wir suchten das Giraffengehege, hat Frauchen mir erzählt.

Aha! Was in aller Welt sind denn wohl Giraffen? Na, ich werde es bestimmt gleich erfahren.

❀

Aber zuerst sahen wir uns ein Nashorn an. Drei kleine Kinder, die eigentlich auch das Nashorn anschauen wollten, waren ganz plötzlich aber viel mehr an mir interessiert. Also brav ab ins Sitz und streicheln lassen. Frauchen hatte wieder Unterhaltung und ich auch Beschäftigung. Aber eigentlich sollten sich die Kinder ja die Zootiere anschauen, doch überall wo wir hinkamen, war auch ich interessant.

Na, hoffentlich will Frauchen mich nicht hierlassen. Damit man mich immer anschauen und anfassen kann. Mal ist das ja in Ordnung, aber ständig und dauernd? Nein, lieber nicht.

Irgendwann hatten wir dann auch das Giraffengehege gefunden, als Frauchens Handy klingelte. Wir sollten wieder zum Giraffenhaus kommen. Also los gings. Dort angekommen drückte Julia Frauchen den Fotoapparat in die Hand und Frauchen verschwand im Giraffenhaus. In der Zwischenzeit kümmerte sich dann Julia um mich. Wir beide bekamen schnell Besuch von einem Tierpfleger. Ja, der war gut drauf. Der wusste gleich, wie er mit mir umgehen musste. Wir waren sofort gute Freunde. Aber auch er verschwand wieder in diesem Giraffenhaus und Julia und ich mussten weiter warten.

Mir ist langweilig!

Aber ganz plötzlich änderte sich die Lage. Der nette Tierpfleger kam zurück und holte Julia und mich zum Giraffengehege. Ich musste aber versprechen, nicht zu bellen und sehr brav zu sein. Logisch! Kein Problem! Des Landseers Lieblingsdisziplin: Brav sein. Oder zumindest: Versuchen, brav zu sein. Aber bellen wollte ich wirklich nicht. Ich war gespannt, ob das klappte, wenn es zu spannend wurde. Ich fühlte mich sehr geehrt und wollte alles daran setzen, den Tierpfleger nicht zu enttäuschen. Er war nämlich selber sehr gespannt, wie die Giraffen wohl auf eine so große Hündin wie mich reagieren würden.
Am Giraffengehege nahm Frauchen mich dann gleich in Empfang.

Wow! Hier riecht es aber noch intensiver.

Giraffengeruch war mir bis dahin ja noch nicht bekannt, könnte sich aber zu meinem Lieblingsduft entwickeln. Die Giraffen waren in ihrem Gehege und wir standen nur wenige Meter von ihnen entfernt hinter einem Drahtgitter.

Oh wow! Die sind ja noch größer als die Elefanten.

Ich war zutiefst beeindruckt. Kristeen war gerade dabei, die Giraffen mit Giraffenleckerlis zu füttern. Sie war hin und weg von den Giraffen. Okay! Sie hatte ja recht. Die waren wirklich toll. Aber die Leckerlis interessierten mich natürlich wie immer auch sehr. Der Tierpfleger meinte, ich könne sie mir ja mal anschauen, aber die würde ich wohl eh nicht mögen. Ich weiß nicht mehr, was es war, aber es war rein pflanzlich. Kein Problem für mich. Wie ihr ja wisst, esse ich sehr gerne Gemüse und Obst, und so war ich innerhalb kürzester Zeit wesentlich mehr an den Giraffenleckerlis interessiert als an den Giraffen selber. Also haben wir brüderlich geteilt, die

Giraffen und ich. Kristeen fütterte dann einmal die Giraffen und einmal mich. Das war Klasse. Der nette Tierpfleger holte sogar noch einen Eimer mit Wasser für mich. Giraffenleckerlis machen echt Durst. Der Eimer hatte zwar ein Loch, aber ich war schnell genug mit Schlabbern.

Die Giraffen waren übrigens genauso cool wie ich. Die haben sich durch mich gar nicht stören lassen. Da wir eine ganze Zeit dort verbrachten, legte ich mich irgendwann einfach hin und beobachtete alles. Beide Tierpfleger waren sehr zufrieden, sowohl mit mir, als auch mit ihren Giraffen und meinten mit einem Lächeln, dass wir das alle ganz toll machten.

Anschließend nahm der erste Pfleger noch Kristeen und Julia mit zu dem Nashornbullen des Zoos mit. Die beiden waren total glücklich. Dort durfte ich dann nicht mit hin. Also blieb Frauchen mit mir vor der Tür und wir sahen uns ein anderes Gehege an. Hinter einer Glasscheibe waren kleine, wuselige Tierchen, die wild hin und her liefen und sich immer wieder hinter irgendwelchen Pflanzen und Wurzeln im Gehege versteckten. Die waren deutlich kleiner als ich und machten mich ganz verrückt. Am liebsten wäre ich genauso wild hinterher gesprungen. Aber Frauchen hat natürlich aufgepasst. Keine Chance. Sie erzählte irgendwas von „Anti-Jagd-Training", legte mich vor das Gehege und gab mir einen kleinen Kauknochen. Während ich knabberte, sahen die kleinen Tierchen und ich uns immer wieder neugierig an. Ganz schön aufregend.

Als die anderen wieder zu uns gestoßen waren, ließen wir uns erst einmal in einer ruhigen Ecke nieder und aßen die mitgebrachten Brötchen. Ich lag entspannt bei Kristeen. Uns gegenüber war ein Gehege mit Erdmännchen - und einem komischen Vogel. Soweit war alles gut. Aber irgendwann beschloss dieser Vogel, das Gehege zu verlassen, und sprang zuerst auf die Brüstung des Zauns und dann auf den Weg. Ich schaute genau in die Richtung, Frauchen auch, Kristeen aber nicht. Und jetzt ging alles ganz schnell. Frauchen schrie: „Kristeen, Achtung!", aber da war es natürlich schon zu spät. Ich war schon durchgestartet, um für Ordnung zu sorgen.

Zootiere gehören schließlich in die Gehege, aber keinesfalls auf die Wege. Aber ich hatte die Rechnung ohne Kristeen gemacht. Die hatte mich nämlich in einer beispiellosen Blitzreaktion mit einem Befehl wieder im Griff, so dass ich in Sachen Vogel nichts beschicken konnte. Eigentlich dachte ich, ich bekäme wenigstens für meinen Einsatz einen Orden, aber der Orden ist leider ausgeblieben.

Das ist gemein von euch. Ich habe mir doch solche Mühe gegeben.

Manchmal verstehe ich meine Menschen echt nicht.
Lediglich Julia war beeindruckt, dass ich sofort stehen geblieben bin, als Kristeen mich gerufen hatte.

Na klar, Julia. Ich bin doch gut erzogen.

Als wir bei den Pinguinen angekommen waren, musste ich auch noch einmal kurz Kristeen quer über den Weg ziehen, weil einer dieser kleinen schwarz-weißen Gesellen etwas zu dicht an der Glasscheibe saß. Auch wenn ich gar nicht bis zu dem Pinguin kam, war das allen sehr peinlich. Also beschloss ich ab da, mich doch lieber zurückzuhalten. Aber Frauchen meinte am Ende, dafür, dass ich erst ein Jahr alt war, hatte ich das Ganze super gut gemeistert. Ich konnte stolz auf mich sein.

Danke Frauchen, das freut mich sehr!

Aber einen Zwischenfall muss ich doch noch erwähnen. Wir haben noch den Tiger des Zoos besucht. Um ihn zu sehen, mussten wir in einen Tunnel gehen. Frauchen musste gebückt gehen, als ob sie sich anschleicht. Den Tiger sahen wir durch eine Glasscheibe hindurch. Eigentlich lag der Tiger auf einem Felsen, aber als er mich sah, dachte er wohl, ich wäre eine Beute oder ein Feind, oder ich weiß nicht was noch. Auf jeden Fall kam er an die Scheibe geschossen und richtete sich daran auf. Alle Besucher waren ganz aufgeregt und fotografierten wie wild. Wir gingen weiter, aber der Tiger verfolgte eindeutig genau uns. Als Frauchen merkte, dass sich der Tiger so über uns aufregte, verließ sie schnell mit mir den Tunnel. Mir war die riesige Wildkatze auch nicht geheuer. Die Katzen bei uns zu Hause, die jage ich ja gerne vom Hof, aber mit dieser aufgeblasenen Katze wollte ich mich dann doch lieber nicht anlegen. Als der Tunnel zu Ende war, war aber das Tigergehege nicht zu Ende. Der Tiger war weiterhin auf unserer Höhe. Die Scheibe schien zu wackeln und ich merkte, wie Frauchen das Herz in die Hose rutschte. Schnell weg, war unsere Devise. Frauchen meinte hinterher, falls die Scheibe nachgegeben hätte, hätte der Tiger mich als Mahlzeit genommen. Dann hätte ich alle Zoobesucher gerettet. War DIESE Rettung vielleicht MEINE Aufgabe? Aber den Orden wollte ich dann doch nicht. Außerdem hätte ich den ja dann gar nicht mehr in Empfang nehmen können. Nein danke! Was für eine Aufregung. Andere Hunde interessierten den Tiger übrigens gar nicht. Muss wohl, wie so oft, an meiner Größe und Farbe gelegen haben, dass ich so aufgefallen war.

Auf jeden Fall war es ein sehr schöner Tag für uns alle. Kristeen hat als Tierpflegerin viel über Giraffen, Elefanten und den Nashornbullen gelernt, Julia durfte das Ganze mit begleiten und war unsere Fotografin und Frauchen und ich waren glücklich, dass alles so gut geklappt hatte.

Sehr lecker, diese Leckerlis für die Giraffen

Hundeseepferdchen

Es war immer noch Sommer, mir war mit meinem Fell natürlich immer sehr warm und deshalb beschloss mein Rudel: Eine Landseerhündin muss schwimmen. Also sollte ich schwimmen lernen.

Ja, cool Idee! Wasser mag ich. Zumindest bis zu meinem Bauch.

Aber wo war wohl der richtige Ort dafür? Irgendwie gab es rund um unsere Heimatstadt keinen Hundestrand, kein Gewässer, in dem Menschen und Hunde gemeinsam baden dürfen. Ein Tipp ließ uns dann in Richtung Uelzen zum Oldenstädter See fahren. Das Wetter war so warm, dass auch Menschen sich ins Wasser trauen konnten. Mein roter Dummy zum Apportieren war mit von der Partie sowie Herrchen, Frauchen und Kristeen.

Yeah, was freue ich mich. Ab ins Wasser!

Der See war herrlich flach und ganz flauschig an den Pfoten. Das allerdings gefiel Frauchen und Kristeen gar nicht. Sie waren empört und stellten sich ziemlich an. Aber es ging ja nun nicht um ihre Befindlichkeiten, sondern um meine Skills bezüglich des Schwimmens. Schließlich haben Landseer Schwimmhäute zwischen den Zehen und sollen sehr gute Schwimmer sein. Schauen wir mal! Im Wasser planschen? Super! Schwimmen? Ich war skeptisch! Herrchen auch. Er blieb am Strand und dokumentierte die ganze Aktion mit seinem Handy.
Kristeen und Frauchen waren ein paar Meter im See und hatten meinen Dummy mit. Frohlockendes Rufen quittierte ich erst einmal mit:

Na, ein bisschen mehr Mühe müsst ihr euch schon geben.

Als die beiden dann im Wasser eine Party feierten und meinen Dummy hin und her warfen, war es um mich geschehen.

Hinein ins Vergnügen! Ach, hier kann ich ja eh noch stehen. Das ist ja super. Wow, das macht Spaß! Dummy apportieren und Leckerlis abgreifen. Ganz nach meinem Geschmack.

Aber die beiden versuchten natürlich, ich hatte das schon geahnt, mich auszutricksen, und gingen immer weiter in den See hinein. Sie konnten auch noch super stehen, doch mit meinen kurzen Beinchen (*Scherz*) musste ich über kurz oder lang anfangen zu paddeln. Zuerst setzte ich vorne mit Schwimmbewegungen ein, aber meine Hinterbeine hatten noch „Ground Control". So konnte ich mich halb paddelnd, halb hüpfend vorwärtsbewegen.

Schaut mal her: Ich kann schwimmen!

Aber irgendwie schien das noch nicht zu reichen. Ein paar Meter tiefer in den See und es war vorbei mit meiner Bodenhaftung: Jetzt musste ich wirklich schwimmen. Mein Rudel brach in völlige Verzückung aus.

Na, wenn ich euch so einfach glücklich machen kann. Aber sieht Herrchen dort hinten am Strand nicht schrecklich einsam aus? Ich denke, ich bringe ihm mal meinen Dummy.

Und schwupps konnte ich wieder laufen, erst hinten, dann insgesamt. Das war eindeutig eher meine bevorzugte Fortbewegungsart.
Aber: Ich hatte jetzt mein Hundeseepferdchen und konnte schwimmen!

Schaut alle her: Ich kann jetzt schwimmen.

Erwachsen – Ausgewachsen?

Groß – größer - Chica

Inzwischen war ich eineinhalb Jahre alt. Also konnte ich ganz stolz berichten:

Ich bin erwachsen.

Meistens benahm ich mich auch so. Aber natürlich nicht immer. Das wäre ja schrecklich langweilig gewesen. Ich meinte eigentlich, dass man mir auch ansah, dass ich erwachsen war, aber Frauchen und Herrchen nannten mich ab und an doch noch „mein Baby". Besonders Herrchen konnte sich nicht ganz damit abfinden, dass ich jetzt ausgewachsen war. Er fand immer noch nicht, dass ich groß war.

Na, Herrchen, wie groß soll ich denn deiner Meinung nach noch werden? Willst du wirklich ein Pony im Haus? Ich denke, meine Größe ist völlig ausreichend, oder? Mit einer Schulterhöhe von 76 Zentimetern und einem Gewicht von 55 Kilogramm treffen wir immerhin nur äußerst, äußerst selten einen Hund, der mich in Höhe oder Gewicht noch übertrifft.

Trotzdem ist eine der häufigsten Fragen, die meinem Rudel gestellt wird, die folgende:
Wächst der noch?
Welch merkwürdige Frage: Ich bin doch nun wirklich schon stattlich. Reicht doch eigentlich.
Meistens reihen sich dann noch Fragen nach dem nötigen Auto (Ja! Wir fahren einen Kleinbus.) oder der nötigen Wohnung (Ja! Wir haben ein großes Haus mit großem Garten.) an.
Unser Nachbar fragt regelmäßig, wieviel ich denn wohl fressen würde. Na ja, anscheinend nur so viel, dass mein Rudel es noch schafft, mir ausreichend Futter zu jagen. Bisher war mein Napf immer gefüllt. Okay, nicht immer randvoll, aber immerhin so, dass ich gut gebaut, aber schlank durchs Leben laufe. Zu schwer darf ich ja auch nicht werden. Das ist nicht

gut für die Gelenke. Also, meinen Gelenken geht's prima.

Und dann gibt es da natürlich noch die Fragen nach meinem Fell. Braucht mein Fell viel Pflege? Verliere ich viele Haare? Ja, natürlich muss ich gebürstet werden. Ihr kämmt euch doch hoffentlich auch jeden Morgen, oder? Und dank eines guten Staubsaugers sind die paar Härchen im Haus ja wohl auch schnell entfernt, aber dazu später mehr.

Also noch einmal zusammengefasst: Mit eineinhalb Jahren war ich ausgewachsen und würde vielleicht noch ein paar Kilo schwerer werden mit dem Alter. Ich hatte und habe immer noch ein tolles Fell, das gepflegt sein will, und fresse natürlich mehr als ein Dackel, aber doch deutlich weniger als ein Elefant.

Aber nicht nur ich war größer geworden, sondern auch mein Rudel: Juli gehört inzwischen dazu. Juli ist Lukas' Freundin und liebt mich mindestens genauso wie ich sie. Sie ist nur sehr traurig, dass sie mich nicht als Welpen hat kennenlernen können.

Ja Juli, das bin ich auch. Wir hätten zusammen bestimmt viel Spaß in meiner pubertären Phase gehabt.

Vielleicht ist es ja besser so, dass ich ihr schon einigermaßen erzogen das erste Mal begegnet bin. Juli wohnt nicht bei uns im Haus, sondern bei Lukas, und kommt somit immer mit ihm zusammen zu uns. Und Juli hat auch immer ganz tolle Leckerlis für mich dabei.

Ich freue mich sehr, dass du jetzt dabei bist, Juli!

Achtung! Baum fällt!

Hallo Juli!

Eine Frauentour – wir drei Brockenhexen

Als ich nun gerade erwachsen war, stellte sich die Frage, was für die Herbstferien zu planen sei. Das war mir eigentlich ziemlich egal, Hauptsache, ich war dabei mit eingeplant. Aber Frauchen und Kristeen planten ein Wochenende in Köln, so mit Shopping und Besuch des Kölner Doms und so. Da war ich außen vor. Ich würde bei Herrchen bleiben. Na gut. Auch nicht schlecht, so ein Herrchen-Hund-Wochenende mit kleinen Spaziergängen und Relaxen.

Aber wie das so ist: Manchmal kommt es anders, und meistens als man denkt. Aus dem Köln-Trip wurde nichts, weil es an dem Wochenende terminlich nicht passte, und so wurde die Fahrt auf die erste Ferienwoche verschoben. Zu dem Zeitpunkt musste Herrchen aber arbeiten. Und mich mehrere Tage mit auf die Arbeit zu nehmen: Das war dann doch noch zu langweilig für mich.

Das könnten wir mal machen, wenn ich alt und gesetzt bin und froh, wenn ich nur irgendwo liegen darf und mich alle in Ruhe lassen, Herrchen.

Aber noch stand ich in Saft und Kraft. Also planten wir drei eine Frauentour. Wir drei, also Kristeen, Frauchen und ich. Die Wahl fiel auf ein Sporthotel im Harz, das laut seiner Internetseite sehr hundefreundlich sein sollte. Frauchen buchte ein Arrangement mit einer Suite, damit wir alle drei ausreichend Platz hatten. Ein normales Zimmer wäre vielleicht doch nicht landseertauglich gewesen. Außerdem wollte Frauchen lieber keinen Teppichboden im Zimmer, weil ich nach Waldspaziergängen nicht klinisch rein sein würde. Tja, da musste ich ihr wohl Recht geben.

Aber im Herbst ist es als Hund auch nicht gerade einfach, immer tadellos auszusehen. Eure Schuhe sind nach so einem Spaziergang ja auch so, dass ihr sie besser vor dem Haus auszieht, oder?

Also sollte unsere Suite Laminatfußboden haben.

An einem Dienstag starteten wir im Laufe des Vormittags, nachdem wir alles in unseren Bus gepackt hatten, Richtung Harz. Ich hatte zuvor auch beim Packen geholfen. Kristeen hatte meine Maus in eine rote Tüte gepackt. Ich holte sie wieder heraus und zeigte sie ihr. Anschließend brachten wir sie gemeinsam ins Auto. So war ich sicher, dass sie auf jeden Fall mitkam.

Die Fahrt in den Harz war am Ende sehr kurvig, so dass ich besser im Sitzen fuhr und aus dem Fenster sah, damit mir nicht schlecht wurde. Aber keine Angst: Nichts passiert!

Beim Hotel angekommen, musste ich erst einmal im Auto warten.

Warum? Ich bin doch so neugierig und aufgeregt.

Aber Kristeen und Frauchen brachten in unserer Suite erst einmal alles in Sicherheit, was mein Schwanz hätte abräumen können: Willkommensgläser, eine Kaffeemaschine wurden im Schrank verstaut. Und dann durfte ich kommen. Und da war er: der größte Schrecken meines Urlaubs: Die Treppe. Unser Zimmer war im ersten Stock und ich musste eine Treppe hinauf. Treppen sind sowieso nicht wirklich mein Ding. Unbekannte Treppen schon gar nicht. Zum Glück war sie wenigstens geschlossen, hatte also keine Stufen, durch die man durchsehen konnte. Ich wollte da nicht wirklich rauf, blieb kurz stehen, aber Frauchen hatte mich an der Leine und ließ keinen Zweifel aufkommen: Ich musste!

Na, dann mit Schwung mal los. Wau! Ganz schön glatt! Was machen denn meine Hinterbeine? Die rutschen einfach so zur Seite! Was soll das! Hilfe! Was für eine Quälerei! Noch zwei Stufen! Uff! Geschafft! Ich bleibe jetzt hier oben und bewege mich nicht mehr wieder runter!

Tja, das hatte ich mir so gedacht. Hat natürlich nicht funktioniert. Wir sind noch mehrfach diese Treppe runter und wieder rauf und wieder runter gegangen. Runter war immer völlig unproblematisch. Aber hoch bereitete sie mir noch lange Schwierigkeiten. Einmal habe ich fast die Deko umgefegt. Gewackelt hatte sie schon, aber Frauchen brachte sie mit einem panischen Blick wieder zum Stehen. Glaube ich jedenfalls. Aber was soll ich euch sagen: Irgendwann hatte ich den Bogen raus und habe dieses schreckliche Treppenmonster sowohl runter als auch hoch locker gemeistert. Und das als trotteliger, tollpatschiger Landseer. Seid ihr stolz auf mich? Frauchen und Kristeen waren es jedenfalls.

Am Ankunftstag machten wir gleich einen ausgiebigen und einen kürzeren Spaziergang. Der erste führte uns zweieinhalb Stunden lang durch den Wald, einen witzigen Zick-Zack-Weg entlang, an einem kleinen Bach vorbei, in dem ich meine Pfoten baden durfte und am Rande einer Wiese zurück zum Hotel. Das Wetter war landseertauglich: Es nieselte leicht und war nicht zu warm. Zwischendurch kam leider einmal die Sonne raus. Nichts für mein dickes Fell. Und am späten Nachmittag führte uns unsere Route dann über einen Trimm-dich-Pfad mit verschiedenen Stationen. Kristeen und Frauchen lasen auf den Stationsschildern, was zu tun war, und machten anschließend jedes Mal so ganz komische Sachen, die sie sonst nie tun. Ich versuchte, sie so gut wie möglich zu unterstützen, aber komischerweise waren sie nur selten wirklich begeistert von meiner Hilfe. Aber ich habe an einigen Stationen eigene Übungen bekommen. Diese Holzgeräte boten sich aber auch wirklich an für nette Spielchen.
Wieder am Hotel angekommen, verschwand Frauchen hinter der Eingangstür und Kristeen und ich warteten draußen. Wie ich später erfuhr, fragte Frauchen drinnen nach einem Wasserschlauch, um meine Beine von den Resten des Waldes und der Wiese zu befreien. Kannte ich ja schon von zu Hause. Also alles kein Problem. Das dachte ich zumindest bis zu diesem Zeitpunkt. Aber dann ging es los. Wir gingen an die andere Seite des Hotels und Frauchen zückte einen Hochdruckreiniger, der dort angeschlossen stand.

Nein! Frauchen! Das ist nicht dein Ernst! Doch nicht dieses Folterwerkzeug! Den kenne ich auch von zu Hause. Damit wäscht

Herrchen manchmal irgendwelche Dinge und der macht immer einen Höllenlärm und es kommt schrecklich viel Wasser raus. Ich mache immer einen großen Bogen, wenn er zum Einsatz kommt. Und damit willst du auf mich losgehen? So sind wir aber keine Freundinnen mehr!

Tatsächlich ließ sich Frauchen nicht von diesem Plan abbringen. Kristeen musste mich an der Leine halten und Frauchen legte los. Glücklicherweise konnte man den Strahl auf ganz sanft einstellen, was Frauchen auch tat. Da hatte sie aber Glück. Sonst hätte sie es sich spätestens hier aber absolut endgültig mit mir verscherzt gehabt. Das Wasser war kalt, aber ich bin ja keine Mimose. Und meine Beine wurden tatsächlich ziemlich sauber. Frauchen freute sich darüber wie ein kleines Kind. Nachdem sie mich dann noch mit einem alten Handtuch abgerubbelt hatte, war ich wieder hotelfein. Wie ihr euch denken könnt, wiederholte sich diese Prozedur noch einige Male. Aber da ich jedes Mal hinterher eine große Hand voller Leckerlis bekam, war ich bereit, nicht allzu sehr zu protestieren. Doch gegen den Vorschlag, den Hochdruckreiniger auch zu Hause zu benutzen, lege ich ganz klar ein Veto ein.

Tag zwei war dann unser Wandertag. Mit Rucksack ausgestattet fuhren wir erst eine kurze Strecke mit dem Auto, um dieses dann auf einem Parkplatz abzustellen und unsere Wanderung zu starten. Der Weg war toll. Wir gingen fast die ganze Zeit durch Wald, vorbei an kleinen Bächen zum Pfotenbaden und Trinken und hatten viel Spaß. Es ging immer leicht bergauf, ich konnte viel frei laufen, weil nicht so viel los war, und musste nur ab und an an die Leine. Irgendwann wurde der Weg dann steiler. Wir gingen über dicke Steine und Frauchen fing ganz schön an zu keuchen. Sie klickte die Leine in mein Geschirr, in der Hoffnung, ich würde sie ein bisschen den Berg hochziehen.

Pustekuchen! So nun nicht Frauchen! Sonst darf ich auch nicht an der Leine ziehen. Da bleibe ich einfach stehen! Streng dich man alleine an!

Und außerdem hing mir auch schon die Zunge aus dem Hals. War ganz schön anstrengend. Frauchen den Berg hochziehen ist bestimmt NICHT MEINE Aufgabe! Auch Kristeen schnaufte etwas, obwohl sie ja eigentlich die am besten Trainierteste von uns dreien war. Aber sie war ja auch diejenige, die tapfer den Rucksack den Berg hinauf schleppte.

Tja! Hättet ihr an meine Packtaschen gedacht, hätte ich euch tragen geholfen. Pech!

Nachdem wir den steilen Anstieg bewältigt hatten, legten wir erst einmal ein kurzes Trinkpäuschen ein. Anschließend ging es weiter, an Bahnschienen entlang, mit einem super Ausblick ins Tal. Einmal kam auch eine Bahn vorbei mit lautem Getute und viel Dampf. Die musste ich mir natürlich erst einmal in Ruhe ansehen.

Auf der letzten Etappe, eine Asphaltstraße entlang, wieder mit steilem Anstieg, entwickelte sich das Wetter immer mehr nach meinem Geschmack. Die Temperaturen sanken und es wurde nebelig und feucht. Super! Ich lief zur Höchstform auf. Frauchen und Kristeen zogen ihre Jacken wieder an, die sie während der Wanderung um ihre Hüften gebunden hatten, als sie wegen der Steigungen anfingen zu schwitzen.

Ja, das kann ich mit meinem Fell leider nicht so machen.

Irgendwann waren wir schließlich an unserem Ziel angekommen: der Gipfel des Brockens. Der höchste Berg im Harz. Wir hatten ihn erklommen. Ich war schon ein bisschen stolz, dass ich es zusammen mit Kristeen und Frauchen geschafft hatte. Jetzt waren wir offiziell
drei Brockenhexen!!!
Ich fand es dort oben toll. Kristeen und Frauchen nicht so wirklich. Man konnte wegen des Nebels keine 20 Meter weit gucken, es waren nicht mal zwei Grad und es wehte ein strenger Wind. Super, oder? Okay! Ich gebe

zu: nur für Landseer. Für Menschen wohl nicht ganz so schön. Also ging es nur einmal aufs Klöchen, anschließend Pommes essen und für den Rückweg holten sich die beiden noch einen heißen Kakao zum Händewärmen. Und ab ging die Post. Runter ging es deutlich einfacher als hoch. Meine Pfoten liefen fast wie von selber.

Eigentlich hatten wir ja überlegt, nur eine Tour zu gehen und die andere mit der Brockenbahn zu fahren. Aber leider müssen Hunde mit einer Schulterhöhe über 20 Zentimetern einen Beißhemmer, sprich Maulkorb, tragen. Da ich über dieser Höhe ganz leicht drüber liege, wir aber keinen Maulkorb besitzen, beschlossen wir, die Bahn zu boykottieren und planten unsere Tour eben ohne Bahnfahrt.

Hinterher waren wir uns auch alle einig, dass es so auch viel schöner war. Bahnfahren kann ja jeder. Aber den Brocken rauf und wieder runter, das war schon toll. Wir waren über fünf Stunden unterwegs und haben insgesamt ca. 18 Kilometer bewältigt. Kristeen war fit wie immer, Frauchen war ziemlich k.o. und ich? Ich konnte im Restaurant abends beim Abendessen ganz friedlich schlafen.

Ach ja, unsere Restaurantbesuche. Morgens zum Frühstücksbuffet durfte ich nicht mit und wartete in unserer Suite. Aber abends durfte ich mit in das Restaurant. Es wurde extra ein passender Tisch für uns reserviert, neben dem ich viel Platz zum Liegen hatte. Natürlich habe ich mich gut benommen. Ich weiß ja, in welchen Momenten es drauf ankommt. Selbst als ein Spielstein vom Nachbartisch in meinem Schwanz gelandet ist und der Junge ihn herauspulen musste, oder als ein zickiger kleiner Dackel das ganze Restaurant aufmischte: Ich war nicht aus der Ruhe zu bringen.

Insgesamt hatten wir drei tolle Tage zusammen und brauchten alle ein paar Tage zu Hause, um uns von den vielen Wanderungen hoch und runter zu erholen. Alle? Nein, natürlich nicht. Kristeen war fit wie immer. Aber ich war froh, dass auch Frauchen ziemlich lahme Beine hatte und wir beide uns gemeinsam auf beziehungsweise vor dem Sofa liegend erholen konnten.

Was du kannst, kann ich auch, Kristeen!

Und bei Frauchen gibt es die Belohnung fürs Turnen.

Herbstferien oder soweit die Pfoten mich tragen

Nach dem Kurzurlaub im Harz waren die Herbstferien aber noch nicht zu Ende. Es blieb noch Woche zwei, in der Kristeen ins Trainingslager fuhr und Herrchen, Frauchen und ich nach Zingst. Noch einmal eine lange Autofahrt, aber inzwischen war ich ja schon einigermaßen routiniert. Zwischendurch brauchte ich aber irgendwann doch mal eine Pipipause. Also nichts wie rechts ran, angehalten und in einem Wäldchen einen Minispaziergang eingeschoben und weiter gings.

In Zingst hatten wir ein kleines Häuschen, oder nein, eigentlich für zwei Personen und einen Landseer schon ein ziemlich großes Häuschen. Wir konnten uns schön ausbreiten; ich auch. Und hinten dran gab es einen eingezäunten Garten, in den ich abends im Dunkeln noch einmal raus konnte, falls mich „etwas" bedrückte. Natürlich wurde das am nächsten Tag immer ordnungsgemäß entfernt. Das versteht sich ja von selbst. Schließlich wollten wir ja vielleicht noch einmal wiederkommen.

Unsere Woche in Zingst war geprägt von Spaziergängen und Spaziergängen und Spaziergängen und …

Frauchen war nicht müde zu kriegen. Sie war ja auch gut trainiert von unserer Brockentour. Und Herrchen musste immer mit, na ja: fast immer. Einmal war Frauchen gnädig und ist mit mir alleine marschiert. Aber ich war immer dabei.

Na, ganz alleine wärst du ja auch traurig Frauchen, oder?

Das konnte ich ja nicht machen. Auch wenn ich so manches Mal, wenn sie wieder die Schuhe anzog, dachte:

Was, Frauchen? Das ist nicht dein Ernst! Du willst schon wieder auf Tour?"

Aber was macht man nicht alles als pflichtbewusste Begleithündin? Also Halsband und Geschirr um und los.

Morgens ging es erst einmal jeden Tag zum Bäcker, damit wir Brötchen zum Frühstück hatten. Aber ohne Herrchen - der war für das Decken des Frühstückstischs zuständig. Natürlich ging es nicht direkt zum Bäcker, sondern es gab immer eine Tour über den Deich vorweg, um mich auszulasten.

Frauchen, eigentlich möchte ich erst einmal meinen Frühstücksnapf leeren und nicht auf dem Deich rumturnen!"

Aber irgendwie sah Frauchen das immer anders.
Nach dem Frühstück und einer kurzen Pause ging es richtig los: Unsere Tagestour mit Herrchen. Okay Ich gebe zu: Rund um Zingst herum kann man wirklich gut laufen. Es hat viel Spaß gemacht. Immer auf dem Deich entlang, mal in Richtung Bodden, mal in Richtung Ostsee, mal auch in beide Richtungen. Oder wir sind durch den Ort marschiert, oder Ort und See und Bodden, oder … soweit die Pfoten mich trugen!
Aber an einem Tag, nachdem wir den Tag davor wirklich viel unterwegs waren, hatte sogar Frauchen Bedarf auf einen ruhigeren Tag. Also haben wir uns alle in unser Auto begeben und fuhren ein bisschen umher. War ja für mich eher langweilig, aber die Pause kam auch meinen plattgelaufenen Pfoten sehr entgegen.

Aber nicht, dass ihr denkt, dieser erholsame Zustand hielt lange an. Am nächsten Tag brachen wir doch noch einmal zu einer richtig langen Tagestour auf: von Zingst aus den Strand entlang bis in den nächsten Ort - Prerow. Wir hatten das tollste Wetter, zumindest wieder aus Sicht meiner Familie: Sonnenschein, kein Wind, so dass Herrchen sogar zeitweise im T-Shirt gehen konnte. Frauchen natürlich nicht. Sie braucht immer eine Lage mehr, sonst fängt sie an zu schlottern. Wir beide haben immer ein sehr unterschiedliches Empfinden, was die ideale Temperatur angeht. Mit Herrchen schwimme ich da schon eher auf einer Welle. Also für mich war der Tag schon ziemlich warm. Da wir aber am Wasser entlangwanderten, war das ja kein Problem: Ab ins Wasser und ich war wieder abgekühlt. Es war wunderbar! Und hinter jedem Wall, der als Wellenbrecher zum Strandschutz gebaut ist, konnte ich herrlich die Enten aufscheuchen: um die Ecke gelugt, Anlauf genommen und mit Schwung ins Wasser hinein. Natürlich konnte ich die blöden Enten nie erreichen. So weit ins Wasser hinein und schwimmen wollte ich dann doch nicht. Und die Enten waren ja nicht blöd. Die konnten ziemlich gut abschätzen, wie weit ich mich traute. Aber egal: Wir hatten viel Spaß! Ich zumindest.

In Prerow angekommen waren wir dann auch alle froh über eine Pause. Gleich hinter dem Deich gab es ein für uns sehr geeignetes kleines Café mit Strandkörben zum Draußensitzen. Also einen Strandkorb ergattert und ich bekam erst einmal meine Mittagsmahlzeit.

Ziemlich verspätet! Frauchen! Ich bin da mehr Pünktlichkeit gewöhnt.

Aber im Urlaub läuft ja oft alles etwas anders. Es war Selbstbedienung und Herrchen sorgte in der Zwischenzeit für Verpflegung. Er war noch unterwegs, als Frauchen mich auch noch verließ. Mit einem „Bleib" sollte ich am Strandkorb liegen bleiben, während sie Getränke holen wollte. Ich wusste: Das war ein Test! Jetzt kam es darauf an, ob ich bestehen oder durchfallen sollte. Oder wollte? An anderen Strandkörben lagen noch andere Hunde. Der Reiz auf ein Spielchen war groß.

Soll ich dem Labrador da hinten nicht mal einen Besuch abstatten, Frauchen? Wenn die Gelegenheit so günstig ist?

Mist! Zu lange überlegt! Sowohl Frauchen als auch Herrchen waren schon wieder da. Nächstes Mal durfte ich nicht so lange überlegen und musste schneller sein.

Nach unserem Päuschen sind wir dann durch den Ort gebummelt und trafen tatsächlich noch einen anderen Landseer. Das kommt nun wirklich eher selten vor. Es war ein stattlicher Rüde und er war mir gar nicht geheuer. Er war so groß. So große Hunde treffe ich sonst ja fast nie. Und er war auch noch aufdringlich. Also beschloss ich, mich hinter Frauchen zu verstecken. Nur hatte ich falsch eingeschätzt, wo sie zu dem Zeitpunkt stand. Ich machte einen Satz nach rechts hinten, aber leider war das genau die Richtung, um sie mit meinem Schwung so „anzustubsen", dass sie „schwupps" umfiel. Genau in die Büsche, die am Straßenrand gepflanzt waren. Zum Glück hatten die keine Dornen. Aber Frauchen war ziemlich angesäuert. Sie versuchte zwar noch, mich in Schutz zu nehmen, aber innerlich war sie doch sehr unglücklich über diese blöd gelaufene Aktion. Peinlich. Vor dem fremden Mann in den Büschen zu landen. Natürlich hat ihr „nichts" weh getan, und wenn, hätte sie das nie zugegeben. Aber ihr Ego war angekratzt. Und das sollte nicht das letzte „Ereignis" in dieser Richtung an diesem Tag sein.

Zurück wollten wir dieses Mal nämlich nicht laufen, sondern hatten geplant, den Linienbus zu nehmen. Also machten wir uns auf die Suche nach einer Bushaltestelle. Fündig wurden wir in einer kurvigen Seitenstraße. Wir waren gespannt, ob ein Landseer mit Bus fahren durfte. Durfte ich! Glück gehabt. Sonst hätten wir den ganzen Weg zurücklaufen müssen. Ich war mir nicht sicher, ob Herrchen das noch geschafft hätte. Außerdem war ja Herbst. Wir wären dann bestimmt in die Dunkelheit hineingelaufen.
Aber alles kein Problem. Ich durfte ja mitfahren. Also stieg Herrchen als erster ein, dann ich und dann Frauchen. Wir waren kaum im Bus angekommen, da fuhr der Busfahrer auch schon mit wenig Gefühl an: Herrchen hatte es noch gerade so auf einen Sitzplatz geschafft, aber Frauchen und ich flogen einmal längs und anschließend auch noch seitlich durch den Bus. Der Busfahrer nahm nämlich auch die gleich auftauchende Kurve mit wenig Mitgefühl für die Fahrgäste. Herrchen hob Frauchen auf - zum zweiten Mal an diesem Tag. Frauchen schimpfte wie ein Rohrspatz: über den Busfahrer und die Welt an sich, über fehlende Rücksichtnahme und kurvige Straßen. Ja, die Busfahrt war insgesamt ganz schön schaukelig.

Aber als wir alle erst einmal einen Platz gefunden hatten, ging es ja. Ich konnte mein Hinterteil zwischen zwei kleine Wände des Mittelgangs klemmen und damit waren die Kurven dann auch erträglich. Frauchen hatte Angst, dass ich nach diesem Erlebnis nie wieder einen Bus betreten würde: Habe ich auch nicht! Aber nicht, weil ich jetzt Angst hätte, sondern weil sich noch nicht wieder die Gelegenheit ergeben hat.

Frauchen, ich würde jederzeit wieder mit dem Bus fahren. Aber wenn es nicht sein muss, bin ich auch nicht böse.

❋

Herrchen steht auf der Leine – nichts mit Spielen mit dem Labrador dort hinten. Oder soll ich es doch einmal versuchen?

Wie Herrchen das Fliegen lernte

In der Regel habe ich ja nur das Vergnügen, Kristeen oder Frauchen durch die Gegend zu ziehen. Herrchen und Lukas haben mir doch beide einiges an Kraft entgegenzusetzen.

Aber als ich zwei Jahre alt war, gingen die Punkte im Kräftemessen mit Herrchen dann einmal doch eindeutig an mich.

Herrchen und ich waren zusammen mit Kristeen und Frauchen an meinem Lieblingsstrand auf Rømø unterwegs, Herrchen hing am anderen Ende der Leine und wir schlenderten so dahin. Ich war wie immer sehr aufmerksam, ob sich eine Gelegenheit bieten würde, um mit einem Kumpel zu spielen. Deshalb war auch Herrchen sehr aufmerksam, um genau dieses zu verhindern. Irgendwie gemein!

Spielen am Strand bringt doch soooo viel Spaß, Herrchen.

Ok, wir schlenderten also alle so mit langer Laufleine dahin, als ich in einigen Metern Entfernung einen möglichen Spielkameraden entdeckte. Ich wusste natürlich, dass ich eigentlich nicht spontan loslaufen durfte, aber manchmal ging mein Temperament in solchen Situationen dann doch mit mir durch.

Also gab ich Gas!

Kristeen rief laut: „Achtung, Papa!"

Herrchen rief laut: „Ich halte sie schon!"

Aber! Ich hatte schon ungefähr fünf Meter Beschleunigung hinter mir und somit kam zu meiner eigentlichen Muskelkraft noch eine gehörige Portion Bewegungsenergie dazu (kleiner Exkurs in die Physik).

Resultat: Herrchen flog in hohem Bogen hinter mir her und machte zum Abschluss eine Vorwärtsrolle über den Sandstrand.

Man, was habe ich mich erschrocken. Und nicht nur ich. Frauchen und Kristeen hatten große Angst, dass Herrchen etwas passiert sein könnte. Schließlich ist er ja nicht so erfahren im Stürzen wie die beiden.

Uih! In dem Moment tat mir mein kraftvoller Sprint schon sehr leid und ich bin erst einmal schnell zu Herrchen, um zu sehen, wie es ihm ging.

Herrchen? Ist alles ok? Geht es dir gut?

Und was soll ich sagen: Ich war sehr stolz auf ihn. Er hatte alles gut überstanden. Na, wenn das keine tolle Übung war. Jetzt konnte auch Herrchen fliegen.
Allerdings haben wir diese Übung niemals wiederholt.

Mein Rudel lernt werfen

Mein absolutes Lieblingsspiel ist mit weitem Abstand das Apportieren, also das Zurückholen von Dingen, die mein Rudel aus dem einen oder anderen Grund wegwirft. Ich habe noch nicht wirklich verstanden, weshalb sie das tun. Aber schließlich kann man die Dinge ja nicht einfach so liegen lassen. Also kümmere ich mich immer darum, dass sie nicht ganz verloren gehen.

Manchmal aber kommt dieses Verhalten meines Menschenrudels etwas ins Stocken. Im Grunde macht mir meine Aufgabe riesigen Spaß, so dass ich sie dann auch animiere, doch wieder etwas zu verlieren oder zu werfen. Schließlich kann ich mir so auch immer Leckerlis verdienen. So haben wir alle viel Spaß.

Besonders gut werfen konnten von Anfang an Herrchen und Lukas. Da fliegen die Bälle oder Spielzeuge besonders weit und ich kann richtig Gas geben. Herrlich! Juli ist auch sehr gut. Na ja, sie hat ja auch lange Handball gespielt. Ich habe keine Ahnung, was das ist, aber sie ist gut im Training und kann eben toll werfen.

Etwas anders gestaltete sich das mit Frauchen. Werfen war am Anfang nicht so wirklich ihr Ding. Aber ich habe das Training mit ihr in Angriff genommen und was soll man sagen: Sie wird immer besser.

Mit Rückenwind am Strand oder im Feld geht es schon ganz gut. Da lohnt es sich inzwischen für mich sogar, im Sprint loszulaufen. Allerdings hat sie es nicht immer so mit der Zielsicherheit. Wir haben zum Beispiel so einen Ball mit einer Schnur dran. Bei einem Spaziergang im Wald versuchte Frauchen eines Tages dann mit viel Schwung, diesen Ball zu entsorgen. Und dieses Mal war es ihr wohl auch gelungen. Jedenfalls habe ich gesucht und gesucht, aber ich konnte ihn einfach nicht wiederfinden. Da bin ich fast verzweifelt. Ich wollte auch gar nicht weitergehen.

Frauchen, mein Ball! Wir können doch jetzt nicht einfach nach Hause gehen!

Aber irgendwann musste ich doch den Heimweg antreten. Wir waren beide sehr traurig, als wir ohne den Ball zu Hause ankamen. Und was passierte dann: Herrchen lachte sehr über die Geschichte.

Hey, Herrchen, was soll das denn?

Aber er war gar nicht auf mich böse, sondern grinste Frauchen den ganzen Abend immer wieder an.

Am nächsten Tag waren wir dann zu dritt in den besagten Wald und Herrchen fuchtelte mit einem langen Stock in der Luft beziehungsweise in einem Baum herum. Und siehe da: Plötzlich fiel unser vermisster Ball vom Himmel.

Herrchen, du kannst zaubern! Du bist mein Held!

Ich war so glücklich.

Ein anderes Mal ging eine ähnliche Geschichte nicht ganz so gut aus. Ich war mit Kristeen und einem Freund unterwegs und wir hatten statt eines Balles meinen geliebten Futterbeutel dabei. Den liebe ich auch sehr, weil er sooo gut riecht und immer eine Portion leckerer Belohnung preisgibt, wenn ich ihn wiederbeschaffe.

Kristeen gehörte zu dem Zeitpunkt auch nicht zu den besten Werferinnen. Und wenn wir ehrlich sind, hat sich das bis heute auch nicht so wirklich geändert. Wo mein Training bei Frauchen gute Erfolge erbracht hat, sind meine Bemühungen bei Kristeen eher ins Leere gelaufen. Doch sie übt weiterhin fleißig. Aber nur, wenn wir beide alleine unterwegs sind. Ansonsten lässt sie gerne anderen Rudelmitgliedern den Vortritt beim Werfen. Das macht aber gar nichts. Sie hat andere Qualitäten.

Aber nun zu meinem Futterbeutel. Kristeen versuchte also wieder einmal zu werfen und mein Beutel landete anscheinend in einem Maisfeld. Leider hatte ich beim Wurf in eine andere Richtung geschaut, weil ich dachte, sie wirft dorthin. Aber bei ihr kann man sich nie sicher sein, in welche

Richtung das Wurfobjekt fliegen wird. Das finde ich immer ausgesprochen spannend, aber manchmal auch sehr verwirrend. Das mit dem Maisfeld vermute ich auch nur, weil sie mich in die Richtung geschickt hat, um meinen Beutel zu suchen. Ich hatte wenig Erfolg und mein verwirrter Gesichtsausdruck hat sie dann dazu animiert, sich selber auf die Suche in dem hohen Grünzeug zu machen, was ihr einige Lacher von Seiten ihrer Begleitung einbrachte. Fotos gibt es wohl von der Sache auch. Erst half ich ihr noch, aber irgendwann musste erst ich und dann auch sie aufgeben. Zu Hause gab es wieder viel Gelächter und Geläster.

Komisch! Wieso freut ihr anderen euch immer, wenn mein Spielzeug verloren geht?

Einen Tag später hatte ich zum Glück einen neuen Futterbeutel. Frauchen hatte ihn wiedergefunden. Aber er roch lange nicht so gut wie vorher. Irgendwie ganz neu. Vielleicht wurde er im Feld vom Regen gewaschen. Na ja, ein paar Mal apportiert und eingesabbert und er war wieder ganz der Alte.

Herrchen kann wirklich sehr weit werfen.

Mein Training zahlt sich aus: Auch Frauchen ist inzwischen nicht schlecht.

Rasentrecker, Tuktuk und Co

Wie ihr ja schon gehört habt, muss ich für Frauchen ständig arbeiten. Aber nicht, dass ihr denkt, dieses Los habe nur ich gezogen. Nein! Herrchen bekommt auch immer Aufgaben von Frauchen. Da stellt sich mir die Frage: Wer ist hier wohl der Chef?

Chef hin oder her: Frauchen arbeitet viel im Haus und Herrchen eher außerhalb. Aber ab und zu arbeiten sie natürlich auch gemeinsam und helfen sich gegenseitig. Das ist Teamwork. Und zu dem Team gehören natürlich auch von Zeit zu Zeit Kristeen und Lukas. Und selbstverständlich bin ich immer dabei. Immer? Nein! Es gibt Momente, da ziehe ich mich lieber vornehm zurück. Ich habe kein Problem, wenn Herrchen mit der Bohrmaschine bohrt, mit der Elektrosäge arbeitet oder mit dem Schleifer Holz bearbeitet. Auch der Holzspalter kann mich mit seinen lauten Geräuschen nicht vergraulen. Da kann ich ohne Problem sehr dicht bei Herrchen bleiben. Manchmal zu dicht, glaube ich. Dann schickt er mich weg.

Hey, Herrchen, einer muss aber kontrollieren, ob du das richtig machst, wenn Frauchen nicht hinschaut.

Aber es gibt zwei Dinge auf unserem Hof, die sehe ich lieber aus der Ferne, wenn sie in Aktion sind. Da traue ich mich nur in die Nähe, wenn sie ruhig sind.

Das erste Ding ist unser Rasenmähtrecker. Na, es ist nicht wirklich ein richtiger Trecker, aber man nennt ihn so. Dieses Teil macht einen Höllenlärm. Aber wer mich kennt, weiß schon: Krach ist eigentlich nicht das Problem. Doch zusätzlich wirft er immer mit abgeschnittenem Gras und sonstigem, was er so findet, nach mir. So eine Gemeinheit.

Herrchen, siehst du das nicht? Der greift mich an!

Aber Herrchen mäht einfach weiter und hilft mir nicht. Und da der Trecker deutlich größer ist als ich, rechne ich mir meine Chancen nicht gut aus und ergreife lieber die Flucht und bringe mich in Sicherheit. Dieses Spiel spielen wir zu Hause im Garten, aber auch ab und zu auf unserem Fischteichgelände. Da habe ich dann immer gar keine Lust mit Herrchen hinzufahren, obwohl ich ja sonst sehr gerne mit ihm dort bin. Inzwischen haben wir beide aber eine gute Lösung gefunden: Wenn Herrchen fährt, halte ich Abstand und lege mich irgendwo hin oder erkunde in sicherer Entfernung die Umgebung. Aber ab und zu hält er auch einmal an und ruft mich. Dann flitze ich wie der Blitz zu ihm.

Herrchen, ich komme! Ich freue mich auf mein Leckerli! Danke!

Er lässt dann zwar den Motor laufen, aber wenn er steht, traue ich mich ja heran. So haben wir beide einen guten Kompromiss gefunden, dass wir zusammen arbeiten können und beide glücklich sind. Aber auch wenn wir glücklich sind: das ist ebenfalls AUF GAR KEINEN FALL MEINE Aufgabe fürs Leben!

Ähnlich verhält es sich mit Herrchens anderem Spielzeug: dem Tuktuk! Wir werden wohl niemals richtige Freunde werden. Jetzt wisst ihr bestimmt nicht, was ein Tuktuk ist, oder? Könnt ihr auch nicht. Das ist nämlich die familieninterne Bezeichnung für unser landwirtschaftliches Fahrzeug: ein UTV (Utility Vehicle). Das brauchen wir wohl, um auf dem Fischteichgelände fahren zu können, einen Hänger zu ziehen, Holz zu transportieren, Bäume zu fällen und für so einige andere Dinge. Und eigentlich hatte Herrchen geplant, dass ich ihn auf diesem Ungetüm immer begleiten sollte. Aber da hat er die Rechnung ohne seine Landseerhündin gemacht. Ich sollte eigentlich auf den Beifahrersitz. Aber dafür bin ich nun wirklich zu groß. Wir haben ein paar „Anproben" durchgeführt, Frauchen hat extra eine passende Tür genäht, dass ich nicht rausfallen kann – das Fahrzeug hat nämlich keine Türen - aber am Ende meinte Herrchen, das hat so keinen Sinn. Yieppie!

Super, Herrchen! Das Ding ist mir eh unheimlich und ausnahmsweise auch wirklich mal viel zu laut.

Aber nicht, dass ihr denkt, die Sache wäre damit schon durchgestanden gewesen. Mitnichten! Dieses Teil hat nämlich auch eine Ladefläche, auf der eigentlich immer so dies und das transportiert wird. Und irgendwann war ich dann dieses „Dies und Das". Zusammen mit Frauchen wurde ich auf diese Ladefläche verfrachtet: Ich machte mit den Vorderbeinen Hopp und mein Hinterteil wurde hinterhergeschoben. Schönes Bild, oder? Frauchen ist ebenfalls mehr oder weniger elegant hinterhergeklettert unter großem Applaus von Herrchen. Oben angekommen haben wir es uns einigermaßen bequem gemacht. Einigermaßen! Frauchen drückte irgendetwas vom Fahrzeug in den Rücken und ich fand es dort oben sowieso doof. Dann ließ Herrchen das Gefährt an und die Tortur begann. Zum einen ein riesiger Lärm, zum zweiten großes Gewackele, aber zum dritten: jede Menge Leckerlis von Frauchen für mich, damit ich die Fahrt toll finden sollte.

Frauchen, da kannst du noch so viele Leckerlis in mich reinstopfen! Das hier werde ich niemals toll finden! Nicht mit dir zusammen und schon gar nicht alleine.

Die Fahrt war zum Glück nicht ganz so lang, ging vorbei an Passanten, die uns wieder einmal mit einem Lächeln begleiteten und endete auf unserem Fischteichgelände. Da war ich dann einigermaßen besänftigt. Aber wir mussten ja auch wieder zurück. Also die ganze Quälerei noch einmal. Soweit ich mich erinnern kann, haben wir das Ganze noch ein einziges Mal probiert und danach war allen klar: Das ist nicht mein Fahrzeug.

Dafür gibt es aber außer unserem Bus noch ein anderes Fahrzeug, das ich sehr liebe, weil Herrchen, nachdem er die Sache mit dem Tuktuk aufgegeben hat, mich damit immer zum Fischefüttern zum Fischteichgelände mitnimmt. Zuerst war dieses Fahrzeug ein alter Golf, in dem ich hinten im Kofferraum aufgrund meiner Größe immer meinen Kopf einziehen musste.

Das geht zwar, Herrchen, und für die kurze Strecke ist das auch okay, aber können wir da nicht vielleicht auch nach einer anderen Lösung suchen?

Und wie das so ist mit meinem Rudel: Mein Wunsch ist ihnen Befehl. Es kann allerdings auch sein, dass der alte Golf irgendwann nicht mehr weiterfahren wollte und es deshalb zu einer neuen Lösung kam. Aber im Grunde unseres Herzens wissen wir alle: Mein Wunsch brachte die Sache ins Rollen. Also ging die Suche los. Herrchen und Frauchen diskutierten und schauten Autos an und diskutierten wieder und schauten wieder Autos an und so weiter. Oft war ich dabei und war begeistert oder legte mein Veto ein. Aus Gründen des Umweltschutzes sollte es ein E-Auto sein. Aber die haben, um Strom zu sparen, immer eine sehr aerodynamische Form, sprich, sie sind hinten am Kofferraum stark abfallend.

Wie soll denn da eine Landseerdame anständig sitzen? Unmöglich!

Aber irgendwann fand sich tatsächlich ein für mich taugliches Exemplar – das wahrscheinlich einzige Modell in der Richtung auf dem Markt – und somit war die Entscheidung gefallen. Seitdem gehe ich per Rampe in dieses Auto und sitze bequem auf unseren Fahrten zu den Fischteichen oder auch zu anderen Zielen, die nicht unseren Bus erfordern.

❀

Eine weitere Idee meines Rudels beziehungsweise eher nur die Idee von Frauchen, die mächtig in die Hose ging, war ein weiteres Teil, auf dem ich auf dem Wasser transportiert werden sollte. Aber soweit sollte es erst gar nicht kommen.

Dieses Ding ist aufblasbar, ca. einen Meter breit und drei Meter lang. Frauchen fährt damit auf dem Wasser und hat dabei ein Paddel in der Hand. Es gibt Menschen, die nehmen ihren Hund ebenfalls mit auf dieses Gefährt. Vielleicht wäre das ja auch etwas mit uns geworden, wenn wir das geübt hätten, als ich noch klein war. Allerdings kam dieses SUP-Board (Stand Up Paddle Board) erst in unsere Familie, als ich schon ungefähr fünf Jahre alt war.

Und so zuckersüß Frauchen auch lockte, so sehr sie auch die Leberwursttube zückte:

Auf dieses SUP kriegen mich keine zehn Pferde. Basta!

Wieder etwas unter der Rubrik: Nicht mein Gefährt und schon gar NICHT MEINE Aufgabe.

❀

Tuktuk und SUP: Da schaue ich lieber weg!

Wieder muss ich aufpassen, dass Herrchen und Lukas die Arbeit anständig erledigen.

Gerade so genügend Kopffreiheit für mich.

Moorpackungen sind gut für die Haut

Mein Rudel ist ja insgesamt ganz okay, aber mit Herrchen habe ich eigentlich immer am meisten Spaß. Wir fahren gerne zusammen zu unserem Fischteichgelände, meistens nur, um die Fische zu füttern. Und Herrchen füttert dann nicht nur die Fische – ich bekomme jedes Mal auch mindestens ein altes Brötchen oder eine Scheibe altes Weißbrot ab. Lecker, ich liebe das.

Aber psst, Herrchen! Das darf Frauchen auf keinen Fall wissen!

Manchmal sind wir aber auch zusammen auf dem Fischteichgelände, um zu arbeiten. Und nicht nur auf dem Gelände, sondern auch im Fischteich. Herrchen und manchmal auch Lukas ziehen dann so eine komische Hose an und steigen damit in den Teich.

Party! Warte Herrchen, ich helfe dir! Ui, viel Wasser ist hier ja nicht drin, mehr so Modder! Ach egal, das macht Spaß. Da hüpfe ich mal sportlich hin und her und feuere dich ordentlich an, damit du fleißig arbeiten kannst.

Ja, anfeuern kann ich gut!
Bei einem dieser Arbeitseinsätze, wir waren fertig mit unserer Arbeit und ich wieder aus dem Teich gestiegen, war Frauchen kurz vor einem Herzstillstand. Von meinem Weiß war nur noch oberhalb einer „Modderlinie" etwas zu erkennen. Der Rest darunter war schwarz-braun modderig.

Aber Frauchen: Moorpackungen sind doch gut für die Haut. Komm her, ich gebe dir ein bisschen was ab.

Doch das wollte sie wieder nicht. Sie weiß eben nicht, was gut ist. Auf dem Rückweg durfte ich nicht im Auto mitfahren. Frauchen ging mit mir zu Fuß und wir machten noch einen Abstecher zu einem Fluss in der Nähe, wo ich meine hart erworbene Moorpackung wieder abwaschen sollte. Das klappte aber nur so mäßig, so dass ich zu Hause leider wieder einmal mit dem Wasserschlauch bearbeitet wurde. Ich hasse das! Aber ich hatte keine Wahl: Mit meiner Moorpackung hätte ich sonst bestimmt draußen schlafen müssen. Keine Alternative!

❀

Manchmal im Herbst ist auf unserem Fischteichgelände aber auch richtig was los. Abfischen nennt mein Rudel das. Dann kommen viele Freunde, manchmal auch andere Hunde und alle helfen mit, so ein großes Netz durch zwei Teiche zu ziehen. Herrchen und Lukas haben wieder diese komischen Hosen an und stehen jeder auf einer Seite im Teich. Die anderen ziehen von außen an langen Seilen. Gerne würde ich helfen, darf aber leider nur wieder den anfeuernden Part übernehmen. Ich finde die ganze Sache aber immer ausgesprochen spannend, besonders, wenn das Netz an Land gezogen wird. Das ist meistens wieder voller Modder. Herrlich! Leider passt Frauchen immer sehr auf, dass ich mich nicht zwecks Hautpflege in den Modder stürze. Aber das würde ich doch sowieso nicht tun. Da sind ja schließlich auch Fische drin. Die sind mir eh etwas suspekt. Mit denen kann ich irgendwie nichts anfangen. Aber der Tag macht immer viel Spaß, meine Portion Modder bekomme ich auf jeden Fall ab, im Netz verfange ich mich selbstverständlich auch regelmäßig und Leckerlis gibt es jede Menge. Was für tolle Tage!

❀

Ich helfe euch, Herrchen …

… und Lukas.

Ja, bei der Arbeit …

… wird man schon mal dreckig.

Du bist aber winzig.

Und du bist schon eher meine Größe – ob du wohl schmeckst?

Modderparty

Wann ist ein Meer eigentlich ein Meer?

Im Sommer, als ich vier Jahre alt war, riefen Bettina und Thomas zum Landseer-Camping auf. Freya hatte mir schon von ihren Campingurlauben berichtet und da dachte ich mir: Da machen wir doch auch mal mit. Also überzeugte ich Frauchen schnell, dass sie uns anmeldet. Kristeen und Frauchens Freundin Sandra waren ebenfalls mit von der Partie.

Der Campingplatz war ein ganz schönes Stück von zu Hause entfernt, sodass wir mit unserem vollgepackten roten Bus in Bremen einen Zwischenstopp einlegen mussten. Die Frauen nutzten die Chance natürlich gleich mal wieder zum Shoppen. Mann, was war mir langweilig. Aber Sandra kümmerte sich gut um mich, wenn wir zusammen draußen warteten. Auf die ist wenigstens Verlass. Sandra hatte irgendwie nicht so richtig Lust zum Shoppen.

Schööööu! Danke, Sandra!

Als wir weiterfahren wollten, gab es aber irgendein Problem mit dem Auto. Die Scheibe vorn hatte einen Riss. Dahin war die gute Stimmung. Frauchen fuhr nur noch langsam, weil sie Angst hatte, dass die Scheibe noch weiter reißen könnte. Kurze Zeit später meinte der Bus dann, er hätte überhaupt keine Lust mehr, vorwärts zu fahren. Kein guter Start in unser Camping-Wochenende. Frauchen war fertig mit den Nerven, aber Sandra hielt die Stimmung hoch.

Schööööu! Danke, Sandra!

Irgendwann kam ein Mann in einem gelben Auto, sah sich die Sache an und danach konnten wir weiterfahren. Ohne weitere Probleme kamen wir auf unserem Campingplatz am Ottermeer in Wiesmoor in Ostfriesland an.

Freya und Rudel waren schon da, nahmen uns in Empfang und wir bezogen unseren Wohnwagen mit Vorzelt.

Oh, toll, im Wohnwagen schlafen. Da freue ich mich aber schon drauf.

Doch was war das? Frauchen, Sandra und Kristeen machten ihre Körbchen im Wagen fertig, aber meine Decke lag im Zelt?

Soll ich etwa draußen schlafen? Das ist nicht euer Ernst, oder? Da muss ich aber wenigstens mal reinschauen. Also hopp und hinein in die gute Stube. Oh! Das ist aber eng hier. Wie soll ich mich jetzt bloß umdrehen? Vielleicht ist die Idee mit der Decke draußen im Zelt doch gar nicht so schlecht.

Außer Freya und mir waren noch zwei andere Landseer da: Elsa und Fiene. Letztere war etwas ungestüm. Na ja, sie war ja auch noch jung.
Wir machten alle zusammen einen Spaziergang um das Ottermeer, das eigentlich gar kein Meer ist, sondern ein See. So können Namen in die Irre führen. Der Spaziergang war toll, alles roch so interessant. Abends haben wir gegrillt. Freya und ich lagen einfach so da, aber Elsa und Fiene waren vorsichtshalber an einem Baum angeleint. Half aber nichts! Als ein anderer Hund vorbeikam, gab Fiene alles und die Leine riss.

Yeah, Party!

Da stieg ich natürlich gerne auch mit ein, was einen hysterischen Schrei bei Frauchen auslöste. Immer wenn sie aufgeregt ist, hat sie ihre Stimme nicht wirklich unter Kontrolle – lustig!
Wir wurden wieder eingefangen - der Rest des Abends und die Nacht verliefen ohne Zwischenfälle. Ich habe draußen übrigens hervorragend geschlafen. Es war herrlich kühl.

Am nächsten Tag fuhren wir an einen großen See mit Hundestrand in der Nähe von Aurich, da im Ottermeer für Hunde das Baden nicht erlaubt ist. An dem See war es herrlich. Der Strand war zwar nur klein, aber ich konnte mit Elsa und Fiene ordentlich toben. Freya hielt sich aus der Sache lieber aus, weil wir auch immer mal ins Wasser liefen. Freya hasst Wasser! Komisch für einen Landseer, oder? Aber na ja: Freya ist eine Diva, sagen Bettina und Thomas.

Irgendwann warf Frauchen dann mein Spielzeug ins Wasser und ich holte es zurück. So weit, so gut! Leider landete es einmal so weit vom Ufer entfernt im Wasser, dass ich mich nicht mehr traute, es zu holen. Ich habe ja schon erzählt, dass Frauchen inzwischen echt gut werfen kann. Ich wollte mein Spielzeug ja gerne wiederhaben, aber mein innerer Schweinehund sagte immer wieder zu mir:

Wenn du da hinschwimmst, wirst du das bitter bereuen.

Jetzt war guter Rat teuer. Aber hier kam wieder meine Sandra ins Spiel: Sie stieg flugs aus ihrer Hose und im Schlüppi ab ins Wasser und apportierte mein Spielzeug.

Daaaaanke, liebe Sandra! Du hast meinen Tag gerettet.

Ansonsten waren wir noch in Aurich, machten dort einen Gang durch die Fußgängerzone und in einem Café Halt und sorgten als Gruppe von vier Landseern für mächtig Aufsehen und viele glückliche Gesichter.

Insgesamt war es ein sehr gelungenes Landseer-Camping-Wochenende.

Zu eng für mich im Wohnwagen – da schlafe ich besser im Vorzelt.

Elsa, Fiene, Freya und ich – erkennt ihr mich?

Wer schläft wo?

Und das sollte nicht mein einziges Campingabenteuer bleiben. Einen Sommer später ging es wieder los. Inzwischen hatten wir einen neuen Bus, dieses Mal einen weißen. Und dieses Mal fuhr ich mit Frauchen alleine los. Der Bus war innen umgebaut mit einem Bett für Frauchen und Platz daneben für mich. Herrchen hatte ganze Arbeit geleistet.

Nach einer langen Fahrt kamen wir in Frankfurt an und bezogen unsere Parzelle auf einem Campingplatz direkt am Main und mit Blick auf selbigen. Dieses Mal hatten wir selbst ein Zelt mit, das man mit unserem Bus verbinden konnte. Und was soll ich euch sagen: Kristeen kam auch dazu.

Oh, hallo, ich freue mich, dich zu sehen, Kristeen!

Aber nun stellte sich wieder die Frage: Zu dritt passten wir nicht in den Bus. Und? Na, ihr ahnt es schon, wer wieder draußen im Zelt schlafen musste.

Wieso erwischt es eigentlich immer mich, Frauchen? Du könntest eigentlich auch einmal draußen schlafen, oder?

Aber auch dieses Mal war es okay, weil wir nämlich hochsommerliche Temperaturen hatten, mit denen ich ja im Allgemeinen immer sehr zu kämpfen habe.

Die Klamotten der Frauen lagerten ebenfalls im Zelt bei mir, was am nächsten Morgen zu einer für mich sehr lustigen Aktion führte: Frauchen zog ihre Hose an und schrie kurze Zeit später laut und schrill auf. Sie hatte eine dicke, fette, sehr haarige Raupe in ihrer Hose, genau an ihrem Popo. In der nächsten Nacht (Kristeen war nicht mehr da), schliefen sowohl die Klamotten als auch ich mit im Bus. Ja, was habe ich das genossen. Als Frauchen am nächsten Morgen aufgestanden war, blieb ich einfach noch liegen, so kuschelig war das.

Frauchen! Diesen Platz gebe ich nicht mehr her.

❀

Am Tag davor hatten wir noch zu dritt einen Ausflug an den Rhein gemacht, weil es dort einen tollen Hundestrand geben sollte. Wir fanden
auch einen tollen Strand, ganz für uns alleine. Dort konnte man allerdings
wegen der starken Strömung nicht ins Wasser und so machten Kristeen
und ich dann erst einmal ein Nickerchen.
Später entdeckten wir noch einen anderen Strand, an dem waren viele
Hunde und dort konnten wir auch baden.
Insgesamt war das ein ganz tolles Mädelswochenende.

❀

Ganz schön heiß hier – aber im Schatten kann man es aushalten.

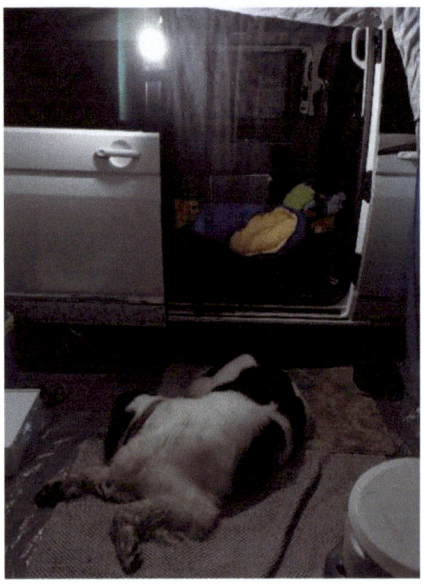

Und wieder ist innen kein Platz für mich.

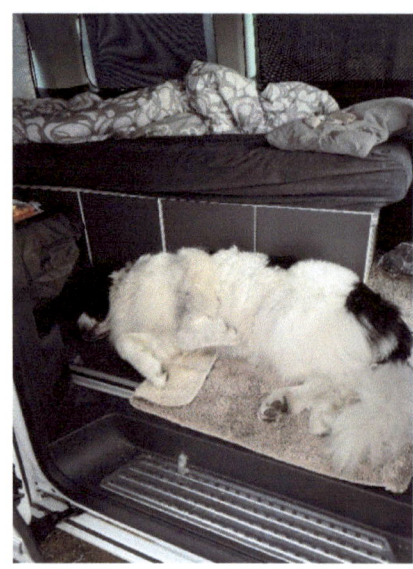

Neue Nacht – neue Chance. Jetzt aber! Hier rühre ich mich nicht mehr weg.

Der Baum im Haus

Einmal im Jahr gibt es bei uns ein tolles Fest. Schon vier Wochen vorher sind alle ein bisschen aufgeregt, zünden jeden Sonntag eine Kerze mehr auf so einem Adventsding an und freuen sich auf das kommende Fest.

Ja, dieses Adventsding. Das steht bei uns in der Fensterbank mit einem Hocker davor, damit ich nicht zu nahe daran entlang gehen kann. Immer wenn ich aufgeregt bin und wedele, kann es schon mal passieren, dass ich mit meinem flauschigen Schwanz etwas abräume. Das mache ich natürlich nicht mit Absicht. Ich habe nur meine Größe irgendwie nicht richtig unter Kontrolle, meint Frauchen. Und Kerzen mit Feuer daran sollte ich auf jeden Fall besser nicht abräumen. Das wird auch nicht passieren. Dafür hat mein Menschenrudel gesorgt.

Wenn an einem Sonntag alle vier Kerzen brennen, folgt kurz darauf mein Lieblingsfest. Morgens wird als erstes ein Baum ins Wohnzimmer geholt und mit viel Aufwand ausgerichtet und mit Lichtern und Kugeln versehen. Was das soll, habe ich bis heute nicht verstanden. Aber mein Menschenrudel freut sich jedes Mal sehr über diesen Baum. Allerdings nur bis zu dem Zeitpunkt, an dem ich mit meinem Schwanz oder Hinterteil die erste Kugel mit Schwung durch das Zimmer schieße. Dann ist die Aufregung immer groß.

Hey, ich kann nichts dafür. Dieses Baumding gehört nicht ins Wohnzimmer, sondern nach draußen. Und zerbrechliche Kugeln, das solltet ihr doch inzwischen wissen, gehören eh nicht in einen Landseerhaushalt.

Aber sie scheinen es nicht zu lernen. Ich bekomme aber zum Glück auch keinen Ärger, sondern sie machen sich eher Sorgen wegen der Scherben, und dass mir etwas passieren könnte.

Sehr fürsorglich. Ich habe es gerne, wenn ihr mich so betüddelt.

Wenn es dunkel wird, kommt für mich der große Moment: Der Baum leuchtet und wir singen ein Lied. Zum Glück hört das niemand, denn das kann mein Menschenrudel nicht wirklich so gut. Sie haben andere Qualitäten. Wenn das überstanden ist, darf ich endlich mein Geschenk suchen und auspacken. Mein Geschenk liegt immer etwas vor dem Baum und nicht darunter – mein Menschenrudel hat gelernt.

Das Geschenk duftet immer herrlich und Kristeen hilft mir beim Auspacken. Alleine traue ich mich nicht. Nicht, dass ich das Falsche ausgesucht habe und vielleicht noch Ärger bekomme. Und dann darf ich es FRESSEN! Herrlich! Es ist immer eine richtig lange Kaustange, die unglaublich lecker ist. Und hart. Damit bin ich eine ganze Zeit beschäftigt. Ich schaffe auch nicht die ganze Stange an einem Abend. Irgendwann kommt Frauchen und tauscht die restliche Stange gegen ein normales Leckerli. Was sonst noch so passiert an diesen Abenden, weiß ich nicht. Nach meinem ausgiebigen Kauspaß schlafe ich immer sehr zufrieden ein.

Aber nicht, dass ihr denkt, der Spaß sei schon zu Ende. Nein. Am nächsten Tag liegen wieder Geschenke unter dem Baum. Komischerweise immer, nachdem Juli zu uns gekommen ist. Juli liebt Weihnachten genau wie ich und wir beide setzen uns dann zum Baum und packen zusammen Geschenke aus. Juli findet auch immer ganz tolle Sachen unter dem Baum für mich. Vielleicht lagen die ja am Abend davor auch schon da und ich habe sie nur verschlafen? Auf jeden Fall scheint mein restliches Menschenrudel diese Geschenke nie zu finden.

Zum Glück habe ich dich, Juli. Danke, dass du mich da unterstützt.

So ist Weihnachten für mich jedes Jahr etwas ganz Besonderes.

Pack schnell aus, Juli! Ich bin neugierig!

Was soll nur dieser Baum?

Megalange Kaustange – ich liebe dieses Fest!

Echt jetzt? ...

... Weihnachtsmütze?

Eins – zwei – ganz viele Landseer

Ein Landseer ist durch seine Farbe und Größe schon eine Erscheinung. Könnt ihr euch vorstellen, wie es dann auf einer Landseerschau aussieht, auf der ihr einer Vielzahl meiner Rasse begegnen könnt? Solch eine Gelegenheit ergab sich in meinem zweiten Sommer. Mein Rudel fuhr mit mir zu einer Landseerschau nach Wittingen. Das war ein Anblick: Überall waren Landseer zu sehen. Ich war ja noch ziemlich jung und aus Sicht meines Rudels natürlich die Schönste. Objektiv gesehen natürlich auch. Das war der Tag, an dem mein Rudel beschloss, dass sie niemals mit mir so ein Schaulaufen mitmachen wollten.

Ich bin euch zutiefst dankbar dafür.

Und das war der Tag, an dem mein Rudel beschloss, dass ich niemals so dick werden sollte wie einige meiner Artgenossen.

Ich bin euch ganz und gar nicht dankbar dafür. Ich fresse doch so gerne.

Nachdem wir Landseerschauen für uns abgewählt hatten, konzentrierten wir uns auf informelle Landseertreffen. Das erste fand im Sommer nach der Landseerschau bei uns im Ort statt. Thomas, Bettina und Freya hatten zu einem Spaziergang eingeladen und anschließend sollte eine kleine Party bei Ihnen im Garten stattfinden. Klar war der Rahmen kleiner als auf der Landseerschau, aber wie immer erregten wir in unserer Gruppe auf unserem Spaziergang wieder Aufsehen. Auch wenn wir nur zu viert waren. Unglücklicherweise hatte Freya Probleme mit ihren Pfoten.

Hey Freya, komm weiter. Komm mit uns ins Wasser. Lauf mit uns mit.

Aber Freya konnte nicht. Sie meinte, sie hätte Schmerzen und so musste mein Herrchen sie und ihr Rudel mit unserem Bus abholen, weil sie nicht mehr weiterlaufen konnte und zum Tierarzt musste.

Also verlegten wir die kleine Party kurzerhand zu uns aufs Grundstück und hatten zusammen richtig viel Spaß. Und mein Rudel musste erkennen, dass ich doch recht zivilisiert aus meinem Wassernapf trinke. Nicht, dass ich meine Wasseraufnahme verbessert hätte. Nein! Aber ein Landseer-rüde hatte beim Trinken alles gegeben und von dem Wasser aus dem Napf konnte eigentlich nicht wirklich viel in ihm gelandet sein. Zumindest war die halbe Terrasse nass. Und er hat sich dann genussvoll in seine Pfütze gelegt.

Coole Sache. Muss ich mir merken.

❋

Zum nächsten Landseertreffen fuhren wir ein Jahr später im Sommer nach Barum bei Lüneburg. Wir, das waren Frauchen, Sandra und ich. Und Freya war mit Bettina und Thomas auch wieder mit von der Partie. Gerade angekommen hörte ich schon lautes und tiefes Gebell aus einem Garten hinter einem Haus. Ja, da musste es sein. Also schnell Frauchen hinterhergezogen und auf in die Menge.

Aber was ist das. Da bleibe ich mal lieber ganz brav stehen und lasse mich beschnüffeln. Ich bin schwerstens beeindruckt. Mehrere große Landseer stehen um mich herum und begutachten mich. Ich glaube, ich halte mich hier lieber sicherheitshalber erst einmal dicht bei dir auf, Frauchen.

Schnell machten wir uns zu einem gemeinsamen Spaziergang auf und als wir wieder im Garten ankamen, hatten sich die Vierbeiner entspannt und es wurde ein geselliger Nachmittag mit viel Spaß für alle. Zwischenzeitlich legte ich mich bei Thomas hin. Er strahlt immer so viel Ruhe aus, das mag ich. Und er hat auch immer so gute Leckerlis. Das mag ich selbstverständlich auch.

Aber ich musste natürlich auch auf mein Rudel aufpassen bei so vielen Menschen und Landseern. Nicht, dass Frauchen und Sandra verloren gingen.

Ui, Sandra, du gehst auf die Terrasse und ins Haus. Schnell hinterher. Ins Haus soll ich, glaube ich, nicht, also bleibe ich vor der Tür stehen und warte auf dich. Warten, warten, ... Endlich, da bist du wieder. Gut, dass ich immer dafür sorge, dass alle zusammenbleiben.

Und da war sie wieder, MEINE mögliche Aufgabe: Sollte ich vielleicht immer dafür sorgen, dass alle zusammenbleiben? Das ist ein wirklich harter Job.

Es war ein toller Tag, an dem ich wieder viele Freunde gefunden habe.

Viel zu heiß heute

Toben bei uns im Garten ...

... aber wir können auch posen.

So viele Landseer – ich bin beeindruckt!

Enten retten

Hunde gehören nicht ins Schwimmbad!
Oder doch?
Ja klar, immer im Herbst, wenn die Freibadsaison für die Menschen vorbei ist (die stellen sich immer so an, wenn es kälter wird), werden einige Freibäder für einen Tag für uns Hunde geöffnet.
Als Frauchen das erste Mal davon hörte, war sie Feuer und Flamme. Schwimmen konnte ich zu dem Zeitpunkt schon, also sind Frauchen, Kristeen und ich im Herbst ab ins Auto, Frauchens Cousine Gabi und Volker eingesammelt und in Fallersleben zum Freibad. Am Eingang mussten wir erst einmal meinen Impfpass und meine Haftpflichtversicherung vorzeigen und pro Fuß beziehungsweise pro Pfote Eintritt bezahlen. Na okay, schließlich dürfen wir dafür ja auch gleich ausgiebig planschen.
Also hinein.

Oh – hier ist aber mächtig viel los.

Soooo viele andere Hunde waren dort: große, kleine, kurzhaarige, langhaarige, mutige und kleine Angsthasen so wie ich. Aber erst einmal mussten wir ja hin zu den Becken.

Hey, wer ist denn da? Das ist doch Lukas. Da freue ich mich aber mächtig, dass du auch hier bist. Schnell hin und mit Schwung und Hochspringen standesgemäß begrüßen.

Leider stellte sich dann heraus, dass der junge Mann doch nicht Lukas war. Und Kristeen war mächtig sauer auf mich, weil ich sie in meiner Freude wieder einmal mit Schwung hinter mir hergezogen hatte.

Ok, ich habe mich verguckt. Kann ja mal passieren, oder? Davon wollen wir uns doch den Tag nicht verderben lassen, Kristeen.

Gabi und Volker wollten nicht mit ins Wasser, also sind wir zu dritt ins

„Nichtschwimmerbecken".

Ja, ihr beide müsst nicht schwimmen. Ich aber schon. Aber was ist das denn? Hier schwimmen ja ganz viele kleine gelbe Quietsche-entchen.

Jetzt kamen meine Gene als Wasserrettungshund durch und ich schwamm unter Einsatz meiner ganzen Kraft und rettete alle Entchen, die mir vor die Schnauze kamen. Das war sooo cool. Und mein Rudel freute sich auch sehr darüber, meinte aber, ich solle für die anderen Hunde auch noch Enten übriglassen.

Was aber, wenn sie bis dahin ertrunken sind? Das geht doch nicht.

Irgendwann im Laufe meiner Rettungsaktion kam ein Mann mit einer pro-fessionellen Kamera auf uns zu und filmte uns. Frauchen wollte eine ge-rettete Ente unter Wasser ertränken, aber das habe ich verhindert. Also schnell einmal meinen Kopf unter Wasser getaucht und die Ente wieder an die Luft geholt.

Uff, das war knapp. Frauchen, hast du denn kein Herz für Enten? Da muss ich in Zukunft immer gut aufpassen, was du für Blöd-sinn machst.

Nach der Entenrettung ging es dann zum Sprungtraining mit Kristeen. Sie war im Wasser und ich stand am Rand und sollte zu ihr ins Wasser sprin-gen.

Ui, das finde ich aber sehr schwierig. Einen Schritt vor – nein, doch lieber nicht. Wieder einen Schritt vor, mir wackeln die Beine. Augen zu und Sprung!
Wow, geschafft.

Ich war vom Rand ins Becken gesprungen und alle freuten sich unglaublich darüber. Nicht nur mein Rudel, sondern auch alle anderen Menschen drumherum, die das Ganze beobachtet hatten.

Ja, ich bin eine Heldin!

Das war ein toller Tag. Vielen Dank noch an Gabi, die mich wie eine Löwin verteidigt hat. Eine Frau hatte sich aufgeregt, weil sie jedes Mal nass wurde, wenn ich aus dem Wasser kam und mich genau neben ihr schüttelte. Im Schwimmbad ist nun mal mit Wasser zu rechnen, laut Gabi. Und sie tat noch etwas für mich: Sie hat eine gerettete Ente endgültig gerettet und ich durfte die hinterher mit nach Hause nehmen. Seitdem hüte ich mein Entlein wie meinen Augapfel.

Danke Gabi!

Am Abend saßen wir dann alle vor der Flimmerkiste und Frauchen hüpfte wie ein Flummi auf dem Sofa hin und her vor Aufregung. Ich hatte keinen blassen Schimmer, was los war. Plötzlich konnte man uns im Fernseher sehen: Der Mann mit der Kamera war vom NDR und wir waren im Schwimmbad zu sehen. Ja klar, ich bin ja auch wirklich eine Filmdiva.

Im Herbst danach waren wir wieder im Fallerslebener Schwimmbad, dieses Mal sogar zusätzlich mit Moni, Manfred und Bailey. Bailey hatte allerdings überhaupt keine Lust aufs Schwimmen und behauptete, sie könne nicht schwimmen.
Aber falls ihr Moni noch nicht kennen solltet: Keine Lust ist keine Ausrede. Also wurde Bailey von ihr geschnappt und ins Wasser getragen. Und siehe da: Bailey konnte ja doch schwimmen. Und fand es am Ende auch gar nicht so schlecht. Aber an Land fühlte sie sich insgesamt doch wohler. Ich aber ehrlich gesagt auch. Jeder so, wie er mag.

Im Jahr darauf war auch noch Sandra mit von der Partie. Auch das waren tolle Tage mit vielen Menschen, Hunden, Pommes und Kaffee und Sonnenschein. We love it!

❀

Ein weiteres Jahr später griff das Schwimmbad in Meinersen die Hundeschwimmtagidee auf und wir nutzten die Chance, auch dieses Bad einmal zu testen. Da ich inzwischen Schwimmen für mich abgewählt hatte, meinte Frauchen nach einem Tipp, dass eine Schwimmweste das Richtige für mich wäre. Herrchen meinte allerdings, dass mir das Tragen einer solchen bestimmt fürchterlich peinlich wäre. Frauchen schlug dieses Argument in den Wind und ich wurde mit einer leuchtend roten Schwimmweste ausgestattet. Ok, ich gebe zu, etwas peinlich ist das ja schon als Landseer. Andererseits tragen Wasserrettungshunde ja auch immer eine Schwimmweste. Allerdings gab es in Meinersen keine Entchen zum Retten. Aber Sandra war mit da, wollte aber irgendwie nicht von mir gerettet werden. Schade.

Meinersen haben wir dann noch zwei Jahre hintereinander besucht und einmal waren sogar Lukas und Juli mit dabei. Ich brauchte immer etwas Anlauf, bevor ich mich ins Nichtschwimmerbecken traute. Frauchen aber auch. Sie meinte, das Wasser sei ja sooo kalt. Konnte ich nicht sagen. Die stellt sich auch immer an. Nun, so blieb uns beiden zum Glück das Schwimmerbecken erspart.

Und dafür, dass immer so viele Hunde da waren, gab es irgendwie nie Stress. Unglaublich, oder?

Hundeschwimmtage in den Freibädern: Tolle Idee! Bitte immer wieder anbieten.

❀

Eine Ente gerettet ...

Und diese hat Gabi für mich ge-rettet.

... und noch eine.

Schaut alle her, wie mutig ich vom Rand ins Becken springe!

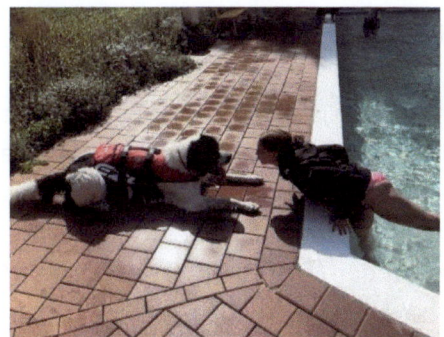

Na, wer ist länger?

Mit Schwimmweste? Nicht dein Ernst!

Heute rette ich Sandra.

Herrlich kaltes Wasser, oder Frauchen?

Komm doch ins Wasser, Lukas!

Urlaube auf Rømø und andere Auszeiten

Von meinen ersten Urlauben habt ihr ja bereits gehört. Aber diesen folgten noch viele weitere. Mal sind wir eine Woche unterwegs, mal zwei, manchmal sogar drei Wochen oder auch nur mal drei oder vier Tage. Und fast immer geht es an die See. Im Sommer sind wir sehr gerne auf Rømø, im Herbst oder Winter lieber an der Ostsee. Mir ist es eigentlich völlig egal, wohin wir fahren, Hauptsache, ich bin dabei. Und das bin ich eigentlich wirklich fast immer. Nur äußerst selten sind Herrchen und Frauchen mal zusammen weg und lassen mich zu Hause. Aber dann sind, wenn es länger dauert, immer Kristeen und Lukas da, und wenn es nur mal ein Tag ist, dann übernehmen Birgit oder Sandra meine Betreuung.

Ihr seid alle zusammen echt ein gutes Team. Danke!

Die spannendsten Abenteuer erlebe ich eigentlich immer auf Rømø. In der Regel bestehen unsere Tage dort aus Strandspaziergängen, Apportieren am Strand und Liegen im Bus mit Herrchen. Aber ich liege nicht immer im Bus. Eigentlich soll ich ja im Sand liegen. Das mache ich natürlich auch manchmal, aber nicht wirklich so richtig gerne. Da muss es schon sehr heiß sein, dann genieße ich den kühlen Sand im Schatten und den Wind, der unter unserem Auto durchbläst. Von Zeit zu Zeit versuche ich aber aus Spaß auch sehr gerne einmal, Frauchen ihren Platz auf der Liege streitig zu machen, klettere mit auf diese und lege mich auf Frauchen. Sie tut immer so, als fände sie das überhaupt nicht gut, aber im Grunde ihres Herzens liebt sich mich und kuschelt sehr gerne mit mir. Leider hinterlasse ich, wenn Frauchen im Bikini auf der Liege liegt, durch meine Krallen immer ein paar Spuren an ihr. Das findet sie nicht so gut. Vielleicht kreischt sie deshalb immer so, wenn ich zu ihr auf die Liege komme. Das Gleiche passiert übrigens auch, wenn ich mich zu Kristeen auf ihr Handtuch lege.

Ein weiterer Spaß, den ich mir jeden Sommer gönne, ist das Aufmischen von Frauchens Fotosessions in den Dünen. Frauchen ist einigermaßen geschickt an der Nähmaschine, zumindest betreibt sie dieses Hobby mit viel Liebe und Ausdauer. In unsere Urlaube auf Rømø nimmt sie die Nähmaschine mit und ist dort immer recht fleißig. Fertig genähte Kleidungsstücke werden gerne in den Dünen mit Selbstauslöser oder mit Hilfe eines Familienmitglieds abgelichtet. Und dabei kommt dann immer mein großer Auftritt. Selbstverständlich möchte Frauchen, dass ich mit auf den Fotos zu sehen bin. Also laufe ich mit ihr zusammen die Dünen rauf und wieder runter. Fotos in Bewegung gefallen uns besser. Frauchen hat dabei auch eine unglaubliche Ausdauer, ich aber von Jahr zu Jahr irgendwie weniger. Und wenn es dann zu Bildern im Sitzen kommt, setze ich mich zwar kurz brav daneben, aber das ist dann auch wieder langweilig. Also streue ich ein paar Rollen neben ihr ein, gebe ihr Küsse, lege mich auf sie und lasse so die spektakulärsten Bilder entstehen.

Das ist so cool, oder Frauchen?

Frauchen lacht, kreischt, schickt mich weg, sortiert sich wieder und erkennt, dass ihre neu genähten Bekleidungsstücke jetzt eingeweiht sind.

Eine andere Tradition unserer Urlaube auf der dänischen Insel sind zwei lange Spaziergänge. Der eine findet auf dem gewaltig großen Sønderstrand statt. An diesem Strand kann man am Anfang sein Auto stehen lassen und dann Richtung Wasser gehen. Und man geht und geht und geht und geht und … bis man irgendwann nach ungefähr einer Dreiviertelstunde am Wasser ankommt. Unterwegs haben wir auch immer viel Spaß mit Apportierspielen und Muschel- und Bernsteinsuche und Sonstigem. Man könnte wohl auch mit dem Auto bis an die Wasserkante fahren, aber das haben schon einige mutige Fahrer gemacht und das kommende Wasser unterschätzt, so dass diese sich dann aus dem Wasser ziehen lassen mussten. Das hatte mein Rudel immer sehr amüsiert. Hatte! Bis zu dem Tag – na, ich erzähle mal von Beginn an.

Der andere lange Spaziergang, den wir gerne einmal pro Urlaub machen, führt uns vom Strand bei Lakolk am Wasser entlang bis zum eben genannten Sønderstrand. Auf diesem Spaziergang ist man zwischenzeitlich oft so einsam, dass man das Gefühl haben kann, die gesamte Insel gehöre einem alleine. Wir alle lieben diese Tour.

Ein Jahr lief das Ganze so ab: Herrchen und Lukas lieferten Frauchen und mich am Lakolk-Strand ab und brachten unseren Bus zum Sønderstrand. Und zwar so weit, dass wir nicht unnötig weit zu laufen hatten, wenn wir dort ankämen. Mit Lukas Auto ging es für die beiden dann zurück zum Lakolk-Strand und wir wanderten gemeinsam los. An diesem Tag war es sehr windig, noch viel windiger, als es ohnehin oft auf Rømø ist. Der Wind drückte von der Meerseite aus das Wasser oft weit auf den Strand. Es war ein interessanter Spaziergang für uns und wir genossen die gute Luft, das Wasser um unsere Füße und Beine und die Sonne. Ein Picknick unterwegs gehört immer dazu, auch um mir, vor allem jetzt in meinem etwas fortgeschrittenen Alter, eine Pause zu gönnen.

Ist das nicht vielleicht nur eine Ausrede von euch, Herrchen und Frauchen? Eigentlich genießt ihr die Pause doch auch, oder?

Also machten wir es uns auf dem Sand gemütlich, es gab ein bisschen Futter und Wasser und dann ging es irgendwann weiter. Bis dahin war, bis auf den Wind, alles wie immer. Auf unserem Weg erreichen wir nach einer ganzen Zeit dann einen Priel, der vom Meer in den Strand hinein reicht. Bei unseren Touren in den Jahren davor war dieser weiter hinten auf dem Strand immer etwa 15 bis 20 Meter breit und reichte mir maximal bis zu meinen Knien, also für mein Rudel bis knapp über die Knöchel. Nicht so in diesem besagten Jahr: Der kleine Priel hatte sich zu einem breiten und tiefen Fluss gemausert. Der Wind drückte das Wasser mit Kraft auf den Strand und die Flut tat ihr Übriges dazu.

Was sollen wir jetzt nur machen? Wir können doch nicht den ganzen Weg wieder zurück gehen? Irgendwo dort hinten muss doch unser Bus stehen, auf den ich mich inzwischen schon so freue.

Ja, der Bus! Der war Herrchens großes Problem. In ihm stieg Panik hoch. Hoffentlich stand der Bus nicht schon im Wasser. Was, wenn das Wasser dort so hoch stünde, dass der Bus nicht mehr fahrtüchtig wäre? Frauchen versuchte, ihn zu beruhigen, aber nur mit mäßigem Erfolg. Die Stimmung drohte zu kippen, die Lage war angespannt. Und wir waren immer noch nicht über diesen breiten Fluss rüber. Also wanderten wir mehr oder weniger frohen Mutes an dessen Ufer entlang, immer auf der Suche nach einer Stelle, die sich für eine Überquerung eignen würde. Aber die Überquerung sollte einer Durchquerung weichen müssen. An einer Stelle, die ihm passend erschien, wagte Herrchen sich dann mit hochgeraffter kurzer Hose durch das Wasser. Ja klar, für ihn hat das gepasst. Und für Lukas würde das wohl auch passen.

Hey, was ist mit mir? Und mit Frauchen? Okay, was soll's. Dann muss ich wohl schwimmen.

Also bin ich mutig hinter Herrchen her und war schnell auf der anderen Seite. Und Lukas brachte erst unsere Taschen ans andere Ufer, ist dann noch einmal zurück und unterstützte anschließend Frauchen bei der Durchquerung. Sie hatte allerdings das Problem, dass die Länge ihrer Beine nicht reichte, um die Sache mit trockener Hose zu überstehen. Also waren Frauchen und ich nass.

Ich schüttele mich in so einem Fall immer einmal ordentlich. Frauchen, das solltest du auch einfach machen.

Aber wir waren noch lange nicht bei unserem Bus. Und inzwischen war das ganze Rudel besorgt, dass dieser zum Boot geworden sein könnte. Auch unser weiterer Weg ging durch viel Wasser, allerdings nicht mehr so tief. Irgendwann erreichten wir auch endlich unser Gefährt und was soll ich sagen: Das Wasser war bis auf ein paar Meter in seine Nähe gekommen, aber er stand noch im Trockenen.

So ging dieses Abenteuer am Ende gut für alle aus, selbst Frauchen war nicht einmal erkältet, obwohl ihr mit nasser Hose in stürmischem Wind doch schon ziemlich kalt wurde, und wir erinnern uns immer gerne an diesen Survivaltrip.

❉

Survival ist auch das Stichwort für eine andere wilde Idee, die Frauchen irgendwann in den Kopf gekommen war. Einmal sind Herrchen und Frauchen mit mir zu einem Training für Wasserrettungshunde gegangen. Landseer werden wohl auch für die Wasserrettung eingesetzt.

Was ist denn das schon wieder für eine Idee, Frauchen?

Aber ich brauchte zum Glück nur zuzuschauen. Gerade als ich dachte, ich könnte dem Thema entgehen, holte es mich wieder ein. Wie das so ist mit meinem Rudel: erst kommt die Inspiration und dann erwischt es mich wieder. Frauchen hatte sich ein Board besorgt, deutlich kleiner als ein SUP, vor dem ich keine Angst zu haben brauchte. An dieses Board kam ein Seil mit einem schwimmenden Spielzeug am Ende, das ich mit meiner Schnauze greifen konnte. Dieses Board apportierte ich dann bei uns zu Hause auf dem Rasen mit Hilfe meines Spielzeuges. Erst hatte ich ein paar Verständnisschwierigkeiten, was der Befehl „Retten" bedeuten sollte, aber ein paar Leckerlis konnten mir die ganze Sachlage doch schnell klar machen. Aber wie ihr euch denken könnt, war es damit noch nicht getan. Wieder im Urlaub, wurde die ganze Sache dann an den Strand und ins Wasser verlagert. Ich musste am Strand sitzen bleiben und Frauchen ging mit Board ins Wasser. Irgendwann rief sie mich und ich zog sie mitsamt Board wieder an Land. Und das machte mir nach kurzer Zeit auch wirklich riesigen Spaß, zumal ich nach erfolgreicher Rettung auch immer belohnt wurde. Aber nicht, dass ihr denkt, ich wäre geschwommen.

Nein! So weit bekommst du mich hier nicht freiwillig ins Wasser.

Du hast ja dein Board. Du wirst schon nicht ertrinken. Und wenn, dann rettet dich ja auch Herrchen.

Wir ließen das Ganze nur in Wassertiefen stattfinden, in denen ich stehen konnte. Aber das war wirklich toll!

Klasse Idee, Frauchen!

Damit DAS MEINE Aufgabe sein kann, muss ich mich aber bestimmt überwinden und auch in tieferen Gewässern retten. Na, ich arbeite dran.

Rømø hat natürlich noch mehr zu bieten als nur Aktivitäten am Strand. Manchmal verbringen Frauchen und ich dort erst einmal eine Woche alleine, bevor die anderen nachkommen. In der Zeit sind wir viel mit dem Doggybike unterwegs und erkunden die Insel. Und wenn Kristeen dann da ist, fahren wir weiterhin Doggybike und begleiten Kristeen auf ihren Joggingrunden.

Los, Kristeen, schneller! Jammer nicht so rum, so windig ist es doch gar nicht.

Aber wenn wir in die andere Richtung unterwegs sind, ist sie auf einmal wieder glücklich. Wir lieben unsere Touren zusammen.
Gern bin ich dort auch mit Lukas und Juli unterwegs. Die beiden lieben ihre Abendspaziergänge auf der Insel und nehmen mich dazu gern mit. An einem Abend meinte Juli großzügig zu Lukas, sie könne sich ja einmal um die Entsorgung meiner Hinterlassenschaften auf dem Spaziergang kümmern. Da ich in dieser Beziehung eigentlich immer schon am Tage sehr aktiv bin, wog Juli sich in Sicherheit.

Oh, Juli, man kann sich nie sicher sein, was meinen Darm betrifft!

Also sind wir los und es kam raus, was raus musste. Ein Blick auf mein Häufchen ließ Juli aufschreien, dass meine Botschaft nicht mal auf einem einzigen Haufen liegen würde und sie da mehrfach zugreifen müsste, um diese Menge in die Tüte zu bekommen.

Arme Juli! Es tut mir leid, aber es ging nicht anders.

Lukas amüsierte sich köstlich, und als wir wieder im Ferienhaus ankamen, durfte Juli die ganze Geschichte dramaturgisch darstellen und der Rest des Rudels hatte Mitleid mit ihr, konnte sich ein Grinsen aber auch nicht verkneifen.
Eigentlich hatte Juli das auf gar keinen Fall verdient, wo sie mich doch erst vor einiger Zeit zu einem Star in einem Tiermagazin einer Haustierversicherung gemacht hatte. Wir beide zusammen auf einem Foto gleich auf der ersten Seite.

Juli, wir beide sehen toll zusammen aus, oder?

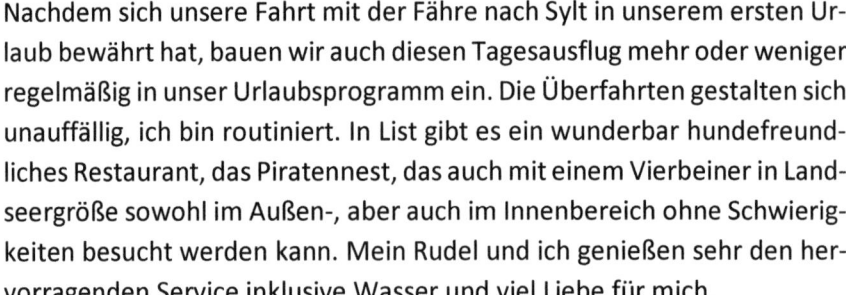

Nachdem sich unsere Fahrt mit der Fähre nach Sylt in unserem ersten Urlaub bewährt hat, bauen wir auch diesen Tagesausflug mehr oder weniger regelmäßig in unser Urlaubsprogramm ein. Die Überfahrten gestalten sich unauffällig, ich bin routiniert. In List gibt es ein wunderbar hundefreundliches Restaurant, das Piratennest, das auch mit einem Vierbeiner in Landseergröße sowohl im Außen-, aber auch im Innenbereich ohne Schwierigkeiten besucht werden kann. Mein Rudel und ich genießen sehr den hervorragenden Service inklusive Wasser und viel Liebe für mich.

Ich bedanke mich bei dem Servicepersonal für die liebevolle Betreuung.

Sylt hat neben der Gastronomie aber auch tolle Strände zu bieten, die wir gerne besuchen, obwohl wir auf Rømø wirklich keinen Mangel an Sandstränden haben.

Für Herrchen gehört ein Fischbrötchen zum Standardprogramm und natürlich möchte Frauchen auch ein bisschen Shoppen. Also geht es mit dem Auto nach Westerland, mit dem Rudel durch die Fußgängerzone und in das eine oder andere Lädchen. Herrchen hat meistens nicht so Lust auf die dort ansässige Geschäftswelt und zieht es vor, es sich mit mir auf einer Bank gemütlich zu machen und zu warten. Also nicht, dass ihr das falsch versteht: Herrchen sitzt auf der Bank. Ich sitze nur daneben.

Falls Kristeen auch mit dabei ist, entscheidet sie von Fall zu Fall, ob sie uns oder Frauchen Gesellschaft leistet.

Das alles wäre ja gar kein Problem, wenn ich nicht so unsagbar auffällig aussehen würde mit meiner Größe und dem schwarz-weißen Fell. Im Sommer ist auf Sylt immer Hochsaison und in der Stadt richtig viel los. Herrchen wird immer und immer wieder auf mich angesprochen und gibt, zumindest am Anfang, bereitwillig Auskunft über meine Rasse, mein Alter, Gewicht, Futterbedarf, Fell, Charakter und was den Leuten sonst noch so an Fragen einfällt. Immer wieder hören wir: Das ist aber ein schönes Tier. Und immer wieder blicken wir in lächelnde Gesichter.

Eine Zeit lang ist das für uns ja auch sehr nett, aber irgendwann kippt dann bei Herrchen und mir die Stimmung, weil wir beide keine Lust mehr haben, Fragen zu beantworten beziehungsweise gestreichelt zu werden.

Genug! Es reicht! Frauchen, komm endlich aus dem Laden, wir wollen weiter.

In List ist es allerdings auch nicht viel besser. Überall, wo viele Menschen sind, werden wir regelmäßig angesprochen - immer sehr nett, aber die Dosis macht das Gift.

Und so schön der Ausflug nach Sylt auch jedes Mal ist: Danach genießen wir in der Regel immer wieder sehr die Ruhe auf Rømø. In den letzten Jahren haben wir oftmals auf die Sylttour verzichtet oder Herrchen und ich haben Frauchen zum Shoppen am Anfang der Fußgängerzone abgesetzt und die Shoppingzeiten alternativ am Strand verbracht. Das war für alle entspannter.

❀

Relaxen mit Herrchen im Bus – Ich lieb's.

Wem gehört hier die Liege?

Sandparty

Wie kommen wir hier bloß rüber?

Lukas, komm schnell. Herrchen ist schon drüben, aber wir haben Frauchen vergessen.

Lukas und Juli können auch sehr gut werfen.

Jetzt rette ich Frauchen aus den Wellen.

Joggen ist ganz schön anstrengend ...

... da feuere ich lieber vom Doggybike aus an.

Is was?

Grillen am Strand – ob ich mir ein Würstchen klauen sollte?

Sandkuss

Fähre fahren nach Sylt – das schaukelt ganz schön.

166

Hey, Kumpel

So erkunden wir zusammen die ganze Insel.

Hier habe ich bei Regen auf der Terrasse gelegen – und geschlafen.

Trinkpause – so ein langer Strandspaziergang macht ganz schön durstig.

Beachlife

Schon wieder Fotos? – Nö, Frauchen!

Hilfe, Herrchen! Der Anti-Fliegenvorhang hat mich angegriffen.

Mein Lieblingsrudel

Ich soll nicht mit auf die Decke? Das werden wir ja sehen!

Herrchen braucht schon wieder eine Pause.

Mittendrin

Strand im Winter finde ich auch toll. Auch wenn hier manchmal Büsche im Weg stehen. Upps!

Du erwischst mich nicht, Kristeen!

Noch mehr Freunde

Von unseren regelmäßigen Spaziergängen mit Bailey und Suna habe ich euch ja schon erzählt. Darüber hinaus machten wir auch einmal eine Tour in die Stadt. Morgens ging es los: Die beiden kamen mit ihren Frauchen zu uns und wir konnten losspazieren. Erst einmal über Feldwege, damit wir auch unsere Geschäfte erledigen konnten.

In der Stadt angekommen, freuten sich wieder einmal viele Leute über unser Rudel. Die Damen suchten eine Lokalität und wir mussten uns brav gedulden, solange sie frühstückten.

Ach, Frauchen, das ist ja soooo langweilig.

Bailey und Suna hatten da deutlich mehr Geduld als ich, aber ich versuchte, so gut es ging, in meinen Stadtmodus zu schalten, um Frauchen zu gefallen. Das war schon wirklich eine große Anstrengung für mich.

Zur Belohnung zogen wir noch weiter zum Fleischer. Moni übernahm die Rolle der Hundeführerin für uns drei und Monika und Frauchen betraten das Geschäft. Und was soll ich sagen: Heraus kamen sie mit Heidewürstchen! Für uns! Wow, war das eine Aufregung! Was freuten wir uns, sprangen umher und genossen die Würstchen. Na, zumindest die anderen beiden. Bei mir rutschen die Würstchen in Nullkommanichts durch bis zum Magen. Das war ein würdiger Abschluss für den Stadtspaziergang.

Viele meiner Freunde, die ich in jungen Jahren kennengelernt habe, fand ich in der Hundeschule. Da waren zum Beispiel Kara und August und Mini und viele mehr. Wir alle unternahmen viel zusammen. Wir hatten zusammen Lerneinheiten auf dem Hundeplatz, in der Fußgängerzone und an vielen verschiedenen Orten in unserer Stadt. Das war spannend und abwechslungsreich und hat uns zusammengeschweißt.

Einmal fuhren wir sogar zusammen Zug. In der Nacht davor schlief Frauchen sehr schlecht. Sie hatte Angst, dass sie mich nicht in den Zug bekäme. Die anderen Hunde waren alle deutlich kleiner als ich – wie immer – und hätten ohne Probleme in den Zug gehoben werden können. Ich aber nicht! Wo ich nicht freiwillig hingehe, gehe ich nicht hin! Und Frauchen wusste nicht, wie ich wohl auf den Zug und die Stufe und die Lücke und überhaupt alles und die ganze Situation reagieren würde.

Frauchen, du bist aber aufgeregt. Was ist denn los? Was haben wir denn vor, dass du so nervös bist. Du machst mich ja mit nervös.

Wir trafen uns am Bahnhof und warteten zusammen auf dem Bahnsteig auf unseren Zug. Das war das erste Mal, dass ich einen Bahnhof, einen Bahnsteig und Züge sah. Als der Zug kam, stiegen alle ein und ich sprang wie selbstverständlich hinter ihnen her in den Zug. Ich wollte ja auch mit. Es war überhaupt kein Problem. Frauchen hatte sich wieder einmal viel zu viele Gedanken und Sorgen gemacht.

Frauchen, dein Landseermädchen macht das schon. Keine Sorge!

Die Zugfahrt verlief problemlos, wir stiegen an der nächsten Station wieder aus, machten einen langen Spaziergang und fuhren mit dem Zug wieder zurück. Das war mal ein ungewöhnlicher Hundeschulausflug.

Gerne treffe ich mich auch mit Milow und Bonnie, und die Frauchen haben sich ebenfalls immer viel zu erzählen. Das kennt ihr ja schon: Viel Erzählen – viel Spaß für uns. Die beiden sind auch durchaus landseertauglich, so dass wir immer richtig Gas geben können und durch die Gräben und über schwarze Felder toben.

Hey Bonnie, komm, lauf hinter mir her.

Bonnie nimmt die Einladung gerne an und dann geben wir Gas. Sie läuft hinter mir her, dann laufe ich hinter ihr her. Leider bin ich nicht immer so ganz geschickt, so dass es schon mal passiert, dass ich über meine eigenen Füße stolpere und einen Purzelbaum schlage. Bonnie und Milow sind da viel wendiger.

Hey, nicht so schnell, ihr beiden. Und schlagt doch bitte nicht immer solche Haken. Dazu bin ich zu groß und zu schwer. Meine Masse trägt mich immer geradeaus.

Am Ende der Spaziergänge sehen die beiden mit ihrem kurzen Fell tadellos aus. Sie sind maximal etwas nass. Ich dagegen habe jedes Mal alles eingesammelt, was die freie Natur bei unserem Spiel zu bieten hat. Frauchen ist nicht begeistert, hat sich aber inzwischen damit abgefunden und verlässt sich auf meine Selbstreinigungsfunktion: Trocknen lassen, dann fällt der Dreck von alleine aus dem Fell und anschließend von den Fliesen aufsaugen. Funktioniert immer! Gut, manchmal muss auch noch gebürstet werden oder Herrchen sortiert abends geduldig alle Kletten aus meinem Fell. Und der Fußboden braucht manchmal auch Wasser, damit er wieder in neuem Glanze erstrahlen kann. Aber nur manchmal!

Eine weitere Freundin ist Emma mit ihrem Rudel Britta und Thorsten. Emma ist ein Bearded Collie Mix und eine sehr freundliche und aufgeschlossene Hündin. Mit Emma war ich schon spazieren, wir haben Grillfeste zusammen gefeiert und uns im Urlaub getroffen.
Und wir starteten einmal zusammen ins neue Jahr. Die Party fand in Emmas Hütte statt. Ich war noch jung und dementsprechend sehr aufgeregt wegen der vielen Leute, dem toll dekorierten Tisch und natürlich wegen Emma. Aber Emma war an dem Tag nicht so richtig gut drauf.

Hey Emma, was ist los? Spiel doch mit mir!

Aber Emma wollte nicht und Frauchen wollte auch nicht, dass wir im

Wohnzimmer mit Weihnachtsbaum und Gästen eine Runde drehen.

Frauchen! Manchmal bist du aber auch eine Spielverderberin.

Aber dieses Mal war auch Herrchen der Meinung, dass es besser sei, ich würde mich brav hinlegen.
Na, wie gut das klappte mit mir als Junghündin, könnt ihr euch vielleicht vorstellen. Irgendwann war meine Geduld am Ende, Herrchen passte nicht auf und ich tobte mit überschäumender Energie durchs Wohnzimmer, auf den Fliesen rutschend und den Weihnachtsbaum streifend in Richtung Emma. Irgendjemand konnte noch gerade so den Baum vor dem Flug bewahren und nach lautem Hallo war ich wieder eingefangen. Für mich war das ein anstrengender Abend.
Aber er sollte doch noch interessant werden. Irgendwann standen alle auf, hielten etwas zu trinken in der Hand und fingen an, rückwärts zu zählen. Ich zählte natürlich mit, das hatte ich ja schon in der Fördereinrichtung gelernt.

Zehn – neun– acht – sieben – sechs – vier– sorry: fünf – vier – drei– zwei – eins – Prost Neujahr!

Alle umarmten sich.

Hey, ich auch! Küsschen auch für den Landseer!

Dann ging es los: Es wurde laut, es knallte, es pfiff und durch das Fenster konnte ich viele bunte Lichter sehen. Aber wenn ihr jetzt denkt, dass ich Angst hatte: Nein, auf keinen Fall. Ich fand das unglaublich toll. Emma zog es allerdings vor, sich in ihr sicheres Versteck unter dem Schreibtisch zurückzuziehen.
Später erfuhr ich, dass es vielen Hunden und auch anderen Tieren an Silvester ähnlich geht wie Emma. Das tut mir sehr leid. Für mich waren dieser Tag und diese Nacht noch nie ein Problem. Inzwischen habe ich schon einige Silvesterpartys gefeiert, meistens bei uns zu Hause. Um

Mitternacht gehen immer alle nach draußen und ich gehe immer sehr gerne mit. Ich möchte auf keinen Fall im Haus warten, damit ich nichts verpasse. Natürlich halte ich Abstand zu Wunderkerzen und Raketen, ihr wisst ja, dass ich nicht immer die Geschickteste bin. Nicht, dass meine Rute noch Funken sprüht.

Seit kurzem bin ich auch mit Mayla und Nala befreundet. Nachdem erst Suna und dann auch irgendwann Bailey über die Regenbogenbrücke gegangen waren, waren unsere Spaziergänge nicht mehr die gleichen. Die Frauen sind zwar nach wie vor regelmäßig ihre Runde marschiert und Frauchen und ich natürlich weiterhin einmal pro Woche ebenfalls, aber ohne die beiden Goldies war es doch ziemlich langweilig. Und die Frauen schienen auch irgendwie traurig. Nachdem einige Zeit vergangen war, kam zum Glück wieder Schwung in die Bude. Zuerst kam Mayla, eine kleine Golden Retriever Hündin dazu. Mayla gehört zu Monika. Kurze Zeit später wurde unsere Gruppe dann wieder komplett durch Nala. Nala gehört zu Moni und ist ebenfalls eine Goldiehündin. Schwierige Namenskonstellation für Frauchen, aber sie bekommt das schon hin.
Und wenn ich sage, es kam Schwung in die Bude, dann ist das noch weit untertrieben.

Wow, was habt ihr beide doch Power! Gebt Gas!

Ich bin inzwischen acht Jahre alt und diene somit eher als gutes Vorbild denn als Spielkameradin. Aber die beiden haben ja sich, so dass ich immer eine kurze Runde mitspiele und anschließend lieber Leckerlis bei Frauchen einsammele. So wilden Spielchen bin ich nicht mehr immer gewachsen, und nachdem Nala mich einmal zu Fall gebracht hat, passt Frauchen besonders gut auf mich auf. Aber Nala kann nichts dafür. Sie hat noch so viel jugendliche Junghundenergie. Ich kann mich gut erinnern, wie das bei mir war. Ich wusste damals auch nicht, wohin mit dieser unglaublichen Energie.

Wir machen natürlich unterwegs auch immer Übungen, damit die Mädels lernen, wie sie sich zu verhalten haben.

Los! Setzt euch! Bleibt da! Apportiert euer Spielzeug!

Uff! Die beiden haben noch viel Arbeit vor sich. Aber sie haben ja mich. Wir kriegen das schon hin.

Aber natürlich habe ich nicht nur tierische Freunde. Die meisten Menschen, die zu uns kommen, liebe ich ebenfalls. Aber einige liebe ich besonders. Eigentlich gehe ich, wenn es an der Haustür klingelt, ja immer in meinen Korb. Das klappt auch meistens gut. Außer bei besonderen Freunden. Moni ist zum Beispiel solch eine Freundin. Wenn ich ihre Stimme höre, hält mich nichts mehr in meinem Körbchen (das „chen" ist wahrscheinlich nicht so passend bei 1,20 Metern Länge). Ich stürme sofort zur Haustür und begrüße sie überschwänglich. Und Moni hat immer Leckerlis für mich dabei. Mein Rudel hat in diesem Punkt inzwischen kapituliert und lässt mich gewähren. Sieg!

1:0!

Ähnlich verhält es sich auch bei Britta und Thorsten, dem Rudel von Emma. Da lege ich jedes Benehmen ab und zeige mich von meiner stürmischsten Seite. Auch hier, würde ich sagen, geht der Punkt an mich!

2:0!

Dann ist da noch Birgit von nebenan. Mit Birgit haben wir eigentlich den Befehl „Korb" und „Bleib" trainiert, indem sie immer wieder bei uns klingelte und Frauchen mir mühevoll erklärte, was sie von mir wollte. Und das Training hat auch gefruchtet. Bei „normalen" Gästen klappt das. Punkt für Frauchen!

2:1!

Aber inzwischen eben nicht mehr bei Birgit. Punkt für mich!

3:1!

Eine weitere Garantin für Leckerlis ist Uta. Deshalb fällt es mir bei ihr ebenfalls besonders schwer, in meinem Korb zu bleiben. Uta unterstützt Frauchen zwar immer bei ihren Erziehungsversuchen, aber auch hier geht der Punkt eher an mich. Na, vielleicht geht auch einer an Frauchen!

4:2!

Die Tendenz, wer gewinnt, ist klar, oder?

Uta kommt nie alleine. Sie hat immer Bijou und Ginger dabei, zwei Shihtzu – Havaneser-Mix Hündinnen. Die beiden sind absolut lieb und ich mag sie auch sehr gerne, aber zum Spielen sind sie leider für mich gänzlich ungeeignet. Ihr wisst: wegen meiner körperlichen Koordinationsprobleme. Inzwischen ist Bijou schon sehr alt und Ginger ist den Weg über die Regenbogenbrücke gegangen. Aber hoppla, wer ist denn das? Da kommt Amy um die Ecke. Zuckersüß und welpenfrech. Na, mal sehen, was aus uns beiden so wird?

Birgit hat nicht nur das Bleiben im Korb mit uns trainiert. Sie wohnt mit auf unserem Grundstück im Haus nebenan. Wenn ich Birgit sehe, dann ist es jedes Mal um mich geschehen. Immer wenn sie nach Hause kommt, setze ich mich brav an unser kleines Tor und warte auf meine drei Leckerlis, die ich täglich von ihr bekomme.

Hallo Birgit, hier bin ich. Siehst du mich?

Am Anfang war ich oft sehr wild und bin am Tor hochgesprungen, aber das fand sie nicht so gut. Ich sollte mich besser hinsetzen. Aber setz dich mal mit deinem Hintern auf die Platten, wenn der ganze Körper in freudiger Erwartung auf Leckerlis sooooo aufgeregt ist. Doch das habe ich inzwischen gelernt: Wenn ich mich gleich setze, geht es deutlich schneller. Ich setze mich übrigens jedes Mal ans Tor, wenn ich Birgit sehe oder höre, auch wenn ich eigentlich an dem Tag meine Leckerlis schon bekommen habe. Menschen sind ja manchmal doch vergesslich, vielleicht bekomme ich ja noch einmal eine Portion. Manchmal klappts.

Hallo Birgit, hier bin ich wieder. Siehst du mich?

Birgit ist auch die, die sich um mich kümmert, wenn mal gar keiner aus meinem Rudel Zeit für mich hat. Das kommt aber eher selten vor. Es ist immer sehr schön mit ihr. Manchmal ist auch ihre Tochter dabei. Die beiden machen das ganz toll. Trotzdem bin ich natürlich immer aus dem Häuschen, wenn mein Rudel wieder da ist. Soll ja auch so sein, oder?

Und nicht zuletzt meine Freundin Sandra. Ihr solltet sie bereits vom Camping und den Schwimmbadtagen kennen.
Sandra sehe ich am regelmäßigsten von allen meinen Menschenfreunden. Sie ist oft mit in unserer Fördereinrichtung und wir gehen fast jede Woche zusammen spazieren. Das einzige Problem: Sandra hat NIE Leckerlis für mich. Das habe ich irgendwie nicht hinbekommen. Ob ich da wohl das Training noch einmal aufnehmen sollte? Ich denke mal darüber nach. Die Spaziergänge mit Sandra sind aber trotzdem immer toll. Besonders, wenn Frauchen und ich zu ihr fahren. Bei Sandra gibt es einen Wald, in dem ich so richtig toll toben und apportieren kann. Sandra und Frauchen machen mit mir viele Spielchen. Ja, sie quatschen auch, aber trotzdem haben sie auch viel Zeit für mich.

Herzchen für dich, Sandra!

Und bei Sandra gibt es auch noch einen tollen See, mit mehreren Einstiegsstellen für mich. Jedes Mal, wenn wir dort spazieren gehen, genieße ich die Wassereinheit. Und da Sandra mich auch sehr lieb hat, macht sie immer viele Fotos von mir und schickt diese Frauchen und auch zu ihrer Freundin nach Spanien. Die liebt mich inzwischen auch.

Mit Sandra waren wir auch einmal auf Doggybiketour, rund um unser Dorf. Und ihr glaubt es nicht: Sandra fuhr ebenfalls ein Stück mit mir

Doggybike.

Sandra! Vorsicht! Mit diesem Ding kann man auch umkippen! Nicht so schnell! Schneller! Yipiieh, du kannst das gut! Super! Gut, dass du vorher eine Runde ohne mich geübt hast.

Wir haben Sandra einiges gezeigt und den Tag sehr genossen. Da bekam ich auch endlich ein paar Leckerlis von ihr.

Na, geht doch, Sandra!

❀

Nicht vergessen in der Reihe meiner menschlichen Freunde darf ich natürlich auch Benny. Benny war eine ganze Zeit unser Postzusteller. Frauchen war ja schon sehr begeistert von Benny (darf Herrchen das jetzt hören?), aber ich fand ihn einfach nur Spitze. Immer, wenn Benny zu uns kam, um uns unsere Post zu bringen, kam er zu mir auf den Hof. Selbst wenn er eigentlich auch alle Briefe hätte oben in den Briefkasten werfen können. Und selbst wenn er gar keine Post für uns hatte. Aber Benny liebte mich genauso, wie ich ihn. Irgendwann hatte ich raus, wann er ungefähr kommen würde, und setzte mich hin und wartete auf ihn. Wenn er kam, gab Frauchen mir meine Tasche, die ich immer zum Tragen benutzen konnte, und ich lief mit dieser zum Tor.

Hallo Benny, schön, dass du da bist! Hast du Post für uns?

Benny legte die Post in die Tasche und ich brachte sie zu Frauchen.

Frauchen, beeil dich! Nimm endlich die Tasche! Ich bin so aufgeregt!

War die Post bei Frauchen abgeliefert, lief ich immer wieder mit Volldampf zu Benny und dann wurde getobt. Und Benny konnte toll toben. Er hatte früher selbst einmal einen so großen Hund wie mich und wusste genau, wie er mit mir toben konnte, ohne dabei unterzugehen. Na ja, direkt passiert ist ihm wirklich nie etwas, aber seine Arbeitsbekleidung musste jedes Mal mächtig leiden. Sie war dunkelblau! Ich habe weißes Fell! Ihr wisst, was ich meine, oder? Und ein bisschen Sabber gönnte ich ihm auch oft. Aber Benny war immer tiefenentspannt, was seine Bekleidung anging. Zum Glück. Und Benny hatte natürlich auch immer Leckerlis dabei. Die machten den ohnehin schon bei mir sehr beliebten Gast noch viel beliebter. Wir hatten beide unglaublich viel Spaß zusammen.

Irgendwann kam Benny nicht mehr regelmäßig und ich wartete jeden Tag vergeblich auf ihn und war oft sehr enttäuscht und traurig. Er hatte seinen Arbeitgeber gewechselt. Er war aber noch einige Male da, einfach nur, um mich zu besuchen.

Danke, Benny, für die tolle Zeit mit dir!

Seit Benny liebe ich alle gelben großen Fahrzeuge und alle Postzustellerinnen und Postzusteller. Mein Rudel hat immer mächtig zu tun, mich festzuhalten, wenn ich ein Postauto erblicke. Da kann es auch schon mal passieren, dass ich meinen Kopf in ein geöffnetes Fahrzeug stecke und einen Blick hineinwerfe. Es könnte ja sein, dass sich Benny darin versteckt, oder?

Training mit Bailey, Suna und den Monis

Ginger und Bijou

Frauchen ist beim Schlachter und bringt gleich Würstchen für uns mit – haltet euch bereit!

Wollen wir spielen?

Rechts: Kara und August

Hallo kleine Amy – schön, dass ich dich kennenlernen darf, obwohl ich doch so groß bin.

Emma

Alle aufstellen fürs Foto bitte!

Warum darf ich eigentlich nie nach oben?

Milow

Bonnie

Was suchst du denn, Bonnie?

Mit Mayla – Wer ist hier am flauschigsten?

Baby-Mayla

Nala – keine Lust auf Fotos

Freundinnen

Wir machen zusammen immer wunderschöne Spaziergänge.

Schön vorsichtig fahren, Sandra!

Hallo Jannis, was gibt es da zu sehen?

Na, Lenya, du bist aber klein.

Zwar klein – aber eine große Hundeflüsterin. Danke für die Leckerlis und die Wasserspritzparty

Social Work

Von Zeit zu Zeit, nein, eigentlich fast immer, besteht meine Aufgabe darin, Gesellschaft zu leisten und in emotional schwierigen Situationen zur Seite zu stehen. Das steht für Frauchens Schülerinnen und Schüler, für meine vierbeinigen Freunde und natürlich besonders für mein Rudel.

So fuhr ich beispielsweise eines Tages zusammen mit Kristeen nach Oldenburg. Wir beide reisten mit unserem Bus, alles wie immer. Und dann wohnte ich ein paar Tage in ihrer Einzimmerwohnung.

Zu klein für eine Landseerdame, sagt ihr? Quatsch! Das geht schon.

Okay, wenn ich mich gemütlich ausgebreitet hatte, musste Kristeen immer über mich rüber steigen, aber insgesamt hatten wir es sehr gemütlich.

Mein einziges Problem war: Die Wohnung lag im dritten Stock und es gab keinen Fahrstuhl. Nicht, dass ich lieber Fahrstuhl gefahren wäre – aber Treppen laufe ich auch nicht wirklich gerne. Aber wir haben das zusammen gerockt. Allerdings hatten Kristeen und ich ein arges Problem miteinander. Da sie meine Entleerungsbelange um ihre Arbeits- und Studienzeiten drumherum bauen musste, nahm sie so gar keine Rücksicht auf meine Schlafgewohnheiten. Früh morgens um 5:00 Uhr gab es meine Frühstücksportion. Na gut – fressen kann ich zum Glück ja zu jeder Zeit. Allerdings hatte das zur Folge, dass sie nach einer Stunde meinen Schlaf wieder unterbrach, um mit mir nach draußen zu gehen.

Waas? Nicht dein Ernst! Ich bin noch total wackelig auf den Beinen so früh am Morgen. Ich möchte noch schlafen!

Aber ich konnte noch so traurig gucken – und das kann ich gut – sie hatte kein Erbarmen. Treppen runter, über den Parkplatz in die nächste Straße und ab ins Grüne. Es war Herbst, also waren wir mit Taschenlampe unterwegs. Wenn mein Darm die gewünschte Portion von sich gegeben hatte,

konnten wir wieder zurück. Also wieder Treppen hoch und endlich weiterschlafen. Das Ganze wiederholte sich abends in meiner Schlafenszeit
regelmäßig noch einmal. Uff, ist das Leben in der Stadt für einen Landseer
anstrengend. Aber was macht man nicht alles, um seine soziale Aufgabe
für ein geliebtes Rudelmitglied zu erfüllen. Zwischendurch machten wir
aber auch immer einen richtig langen und ganz tollen Spaziergang, auf
dem ich Oldenburg und den Stadtpark kennenlernen durfte. Dort gibt es
sogar offiziellen Freilauf für freundliche Hunde. Und freundlich bin ich ja.
Tolle Sache.

Und selbstverständlich wurde ich auch ganz viel gestreichelt und ge-
kämmt und, und, und.

Aber Urlaub war das nicht! Es ist schon schön, dass ich zu Hause immer
einfach durch die Tür in den Garten kann, ohne ständig Treppen steigen
zu müssen.

❈

Platz ist in der kleinsten Hütte – auch für eine Landseerdame. Lass mich bitte endlich schlafen, Kristeen!

Ältere Dame auf Abwegen

Ihr habt euch sicherlich schon gefragt, ob mein Rudel Angst hat, dass ich einmal geklaut werden oder verloren gehen könnte. Die Antwort war bis vor kurzem ganz klar: Nein!
Ohne Skrupel werde ich vor Geschäften draußen angeleint und muss warten, bis sie die schnellen Einkäufe erledigt haben. Das dauert natürlich nicht sehr lang, obwohl mir die Wartezeit schon immer sehr lang vorkommt. Manchmal genieße ich aber auch die Zeit, da ich im Allgemeinen auf meiner Warteposition von vorbeischlendernden Passanten ja auch immer sehr bewundert werde.

Ja, ich bin schon eine ganz arme Hündin! Sagen Sie doch drinnen meinem Rudel Bescheid, dass sie sich beeilen sollen, bitte!

Aber außer dass mir sehr langweilig ist, kann mir ja eigentlich nicht wirklich etwas passieren. Wer nimmt schon 60 Kilogramm Hund einfach so mit. Und in unserer dörflichen Umgebung bin ich eh bekannt, so dass irgendwie immer jemand auf mich aufpasst.
Also, geklaut werde ich mit ziemlich hoher Wahrscheinlichkeit wohl nicht.

Aber kann es sein, dass ich einmal verloren gehe?
Ja, als ich noch jung und ungestüm war, hätte das vielleicht passieren können. So manches Mal ging mein Temperament mit mir durch, aber ich entfernte mich nie weiter als maximal 50 Meter von meinem Rudel. Und heute, in meinem gesetzten Alter, bleibe ich schon erst recht immer sehr in ihrer Nähe.

Und dann kam vor kurzem der Tag X: Es war ein Spätsommertag mit warmen Temperaturen und lauen Abenden. An solchen Tagen liege ich abends noch gerne draußen in unserem Garten auf dem Rasen, genieße die milden, nicht mehr so heißen Temperaturen und schaue umher, was in der Umgebung so passiert. Und hin und wieder nicke ich auch schon einmal über. Ich bin ja nicht mehr die Jüngste. Mein Rudel ist zu der Zeit auch schon oft nicht mehr mit draußen, sondern macht es sich im Haus gemütlich. Wir sind alle entspannt, die Terrassentür steht offen und ich kann jederzeit meine Position zu ihnen ins Haus verlegen, wenn mir danach ist.

An besagtem Abend lag ich also im Grünen – dachten jedenfalls alle. Irgendwann fragte Herrchen sich dann aber, wann ich wohl endlich reinkommen würde und beschloss, dass ich nun genug Frischluft geschnuppert hätte und rief mich hinein. Normalerweise komme ich natürlich, wenn ich gerufen werde. Zu diesem Zeitpunkt war Herrchens Rufen allerdings vergeblich. Daraufhin holte er sich eine Taschenlampe und suchte mich auf unserem Grundstück. Bis dahin war er noch entspannt – irgendwo würde ich wohl stecken, zumal unser Grundstück komplett landseersicher eingezäunt ist.
Aber auch diese Suche brachte mich nicht zum Vorschein.

KEINE CHICA!

Und jetzt wurde die Lage kritisch. Herrchen alarmierte Frauchen und Kristeen, die auch gerade auf Heimatbesuch bei uns war, und alle suchten das komplette Grundstück in jeder erdenklichen Ecke ab.

KEINE CHICA!

Panik stieg bei ihnen auf. Jeder machte sich so seine Gedanken. Wurde ich doch vom Grundstück geklaut? Sollten vielleicht Tierversuche an mir durchgeführt werden? War ich doch an einer bestimmten Stelle über den Zaun gesprungen, die nicht ganz so hoch ist und über die ich gerne mal rüber schaue?
Die Suche wurde ausgeweitet. Kristeen schnappte sich unseren Akkubaustrahler und ihr Fahrrad, fuhr unter Tränen los und fragte jeden, der noch unterwegs war nach mir. Aber:

KEINE CHICA!

Herrchen blieb auf dem Grundstück, falls ich dort irgendwann wieder auf-
tauchen würde.

KEINE CHICA!

Selbstverständlich waren die drei per Handy vernetzt und hielten sich auf
dem Laufenden.
Frauchen war zu Fuß in der näheren Umgebung unterwegs und rief wohl
immer wieder nach mir, so dass unsere Nachbarn gegenüber ihr Fenster
öffneten, sie lagen eigentlich schon im Bett, und fragten, was denn los sei.
Beide waren sehr erstaunt und meinten, dass ich doch bestimmt nicht
weggelaufen wäre, da ich das doch nicht machen würde. Netterweise
stattete der Nachbar Frauchen noch mit einer guten Taschenlampe aus,
da alle funktionstüchtigen Lampen aus unserem Hause bereits unterwegs
waren.
In Frauchen stieg die Angst hoch, dass ich irgendwie einer Katze hinter-
hergejagt sein könnte, mich diese Jagd auf den Bauernhof gegenüber geführt haben und ich blind in irgendein landwirtschaftliches Gerät hinein-
gerannt sein könnte und sie mich nun aufgespießt dort fände. Was für
eine grauenvolle Vorstellung.

Jeder, der seinen Hund auch einmal, wenn auch nur für einen kurzen Zeit-
raum vermisst hat, kann sich vorstellen, wie es meinem Rudel in diesem
Moment ging.

Zum Glück aber auch auf dem Bauernhof:

KEINE CHICA!

Da Kristeen von unserem Grundstück aus nach links unterwegs war,
machte sich Frauchen danach in die andere Richtung auf die Suche. Sie
rief meinen Namen und endlich:
Ich kam in vollem Galopp aus dieser Richtung angerannt.

Was freute ich mich, sie wiederzusehen. Ich heulte laut vor Freude und wir tanzten umeinander herum.

Frauchen, es ist ja sooo schön, dich wieder zu sehen. Ich habe dich ja so vermisst. Ich wusste nicht, wie ich nach Hause kommen sollte. Gut, dass du mich gerufen hast.

Herrchen hatte uns gehört und rief sofort Kristeen an:

CHICA IST WIEDER DA!

Die ganze Familie weinte vor Freude. Zwar hatte die ganze Geschichte aus Rudelsicht nur rund 20 Minuten gedauert, aber das waren für sie wohl sehr lange und schwierige 20 Minuten.
Ja, aber was sollte ich denn sagen. Für mich hat der Ausflug deutlich länger gedauert und begann schon eine ganze Zeit vorher:
Unser Hof ist in zwei Teile geteilt, die durch eine Pforte verbunden sind. An diesem Abend brachte Frauchen die letzten Urlaubskisten, wir packen unser Urlaubsgepäck immer in Kisten, rüber in ein Gebäude auf dem anderen Teil des Hofes, auf dem ich mich ebenfalls frei bewegen darf, wenn jemand aus meinem Rudel dabei ist. Frauchen hatte aber nicht bemerkt, dass ich hinter ihr herlief und als sie aus dem Gebäude kam, war ich gerade damit beschäftigt, hinter dem Gebäude nach Katzen zu schnüffeln. Was passierte also? Frauchen ging wieder zurück, schloss die Zwischenpforte und ging ins Haus. Nachdem ich meine Katzenschnüffelaktion beendet hatte, stellte ich fest, dass ich alleine auf dem Grundstück war und nicht mehr durch die Pforte kam.

Hey, Frauchen! Du hast mich hier vergessen! Ich bin noch auf der anderen Seite der Pforte! Komm schnell und hol mich rüber!

Aber es passierte nichts! Dazu muss man wissen, dass ich grundsätzlich Türen, und somit auch Pforten, nicht dadurch öffne, dass ich belle, sondern ausschließlich dadurch, dass ich mich davor setze und sie anstarre.

Auch wenn ich mein Geschäft erledigen muss, öffne ich auf diese Art und Weise die Terrassentür. Natürlich mit Hilfe eines Rudelmitglieds.

Also saß ich an diesem Abend vor der Pforte und starrte und starrte und starrte und …
Irgendwann musste ich aufgeben und beschloss, mir einen alternativen Eingang zu unserem anderen Grundstücksteil zu suchen. Von dort, wo ich war, konnte ich auf die Straße laufen und weiter auf das Grundstück der Nachbarn rechts neben uns. Aber auch von dort hatte ich keine Chance, zu meinem Zuhause zu gelangen. Ach, was habe ich nicht alles versucht. Ich war sehr verzweifelt.

Wie könnt ihr mich nur aussperren! Hallo! Hallo! Ich will nach Hause!

Ich kann nicht sagen, wo ich überall war. Was ich so alles erlebt habe, bleibt ebenfalls mein Geheimnis. Aber eins ist klar: Falls im Umkreis irgendwo große Pfotenabdrücke in Gärten aufgetaucht sein sollten: Es war kein Wolf!

An diesem Abend lag ich noch sehr lange laut hechelnd im Wohnzimmer und alle hatten Angst, dass ich kollabieren könnte, so sehr hatte mir die ganze Aufregung zugesetzt. Aber nach einiger Zeit beruhigte ich mich tatsächlich wieder.
Seit diesem Erlebnis achten wir alle immer sehr genau darauf, auf welcher Seite der Pforte ich mich befinde.

Wenn ich so gucke, gehen die Türen normalerweise irgendwann auf.

Haare, Haare, Haare

„You're so fluffy, I'm gonna die".
Zitat aus einem Film mit den Minions und so zutreffend auf mich und mein Fell. Ich bin sooo flauschig! Als Welpe war ich am ganzen Körper unsagbar weich. Welpenfell halt!
Aber auch jetzt habe ich noch ganz zartes Fell, besonders am Kopf. Ja, ich gebe zu: An manchen Stellen bin ich auch mal ein bisschen verfilzt, wenn ich mich wieder mal in einem Gebüsch herumgetrieben habe.
Mein Rudel wird manchmal beim Spaziergang auf mich angesprochen, wie schön und gepflegt ich aussehen würde. Alle lieben mein Fell, meine Haare. Alle? Nein, ein Mitglied meines Rudels hört nicht auf, meiner Haarpracht Widerstand zu leisten!
Dieses Rudelmitglied ist Frauchen. Sie hat ein sehr gespaltenes Verhältnis zu meinen Haaren. Ja natürlich! Sie findet mich auch unglaublich schön. Sie liebt schwarz und weiß und sie liebt es auch, dass ich so flauschig bin. Aber diese Konstellation bringt es leider auch mit sich, dass ich ab und an mal hier und da ein Haar verliere. Auf schwarzen Sachen finden sich meine weißen Haare und auf weißen Sachen dann die schwarzen.

Gut, dass ich in der Beziehung vielseitig bin, oder, Frauchen?

Frauchen sagt diesen Haaren regelmäßig den Kampf an mit so einem Ding, das nennt sich Staubsauger. Dabei ist es doch bei uns in erster Linie ein Haarsauger. Könnten wir also eigentlich umbenennen. Als ich noch klein war, habe ich das Teil immer angebellt, weil ich nicht so recht wusste, was ich von ihm halten sollte. Inzwischen sehe ich das ganz gelassen. Frauchen hat gelernt, dass sie nur dort saugen darf, wo ich gerade nicht liege, und saugt brav um mich herum.
Im Laufe der Zeit hat Frauchen schon einige von den Teilen verschlissen. Irgendwie ist sie nie so recht zufrieden. Sie meint, meine Haare verfangen sich immer in den Bürsten und dann schimpft sie lautstark. Zum Glück mit dem Sauger und nicht mit mir.
Neuerdings haben wir auch einen Sauger, der von alleine umherfährt. Ui,

da freut sich Frauchen immer, dass sie das nicht machen muss. Ich allerdings bin kein Freund dieser Maschine: Die hat nämlich noch nicht gelernt, dass sie um mich herumsaugen muss. Na ja, das üben wir noch! Besonders schön sieht es bei uns immer aus, wenn Frauchen oder Kristeen zu Bürste und Schere greifen und sich meiner Fellpflege widmen. Dann liege ich auf dem Boden und werde laaaange gebürstet und von Verfilzungen befreit. Und das beste: Hinterher gibt es immer ein großes Leckerli für mich. Und Frauchen und Kristeen sehen mir danach immer sehr ähnlich: auch ganz flauschig.

Hey Frauchen: Lass die Haare doch dran! Du siehst toll aus. Vielleicht sagen dir die Leute unterwegs dann auch mal, wie hübsch du aussiehst.

Aber Frauchen hat keinen Sinn für Landseermode und entfernt alle Haare von ihren Klamotten und vom Teppich und von den Fliesen und von …
Ja, was soll ich sagen: Sie sammelt meine Haare sogar. Weil sie meint, wenn ich so viel davon produziere und sie sich so viel Mühe damit gibt, dann sollte man daraus auch etwas Sinnvolles machen. Also wird aus meinen Haaren Wolle gesponnen (vielen Dank an Frau L.) und daraus werden Socken oder eine Strickjacke gestrickt. Und Hausschuhe lassen sich aus meinen Haaren auch filzen.

Tolle Sache, diese vielen Haare, oder Frauchen?

Nach dem Kämmen ist vor dem Kämmen.

Ich liefere regelmäßig viel Rohmaterial für verschiedene Projekte ...

... z.B. für gefilzte Hausschuhe ...

... oder Wolle zum Stricken von Socken oder Pullovern (Danke fürs Verspinnen, Frau L.)

Neun Jahre und noch fit

Inzwischen bin ich neun Jahre alt und für das Alter und für meine Größe noch richtig fit. Zumindest sagen das alle um mich herum. Mein Fell ist weiterhin ganz weich und glänzend, ich mache noch längere Spaziergänge und ich jage täglich unglaublich gerne den Katzen der Nachbarn hinterher, wenn sie sich bei uns auf das Grundstück verirren.

Vor kurzem habe ich endlich gelernt, Äpfel von unserem Baum zu pflücken und so bei der Ernte zu helfen. Jahrelang konnte ich nur die heruntergefallenen Exemplare genießen, aber jetzt bekomme ich meine tägliche Gymnastik, indem ich mich nach den Äpfeln strecke, zumindest am Ende des Sommers, in der Zeit, in der die Äpfel reif sind. Allerdings bin ich wählerisch: Ich fresse nur die Äpfel von dem einen Baum. Die des zweiten Baumes schmecken mir überhaupt nicht. Meine Sporteinheiten werden auch mit viel Freude von unseren Nachbarn vom Balkon aus beobachtet.

Schön, dass ich euch zum Lächeln bringe mit meiner Apfelernte.

In den ganzen Jahren habe ich meinen Freund Martin, den Tierarzt eigentlich nur einmal pro Jahr gesehen, wenn es um die Routineuntersuchung und Impfungen ging. Ab und an brauchte ich vielleicht einmal ein Schmerzmittel, falls ich humpelte, weil ich mal wieder über das Ziel hinausgeschossen war.

Ja, natürlich bin ich nicht mehr ganz so spritzig wie als Junghündin. Wenn ich abends in der Sofaecke liege (unten auf dem Teppich versteht sich) und dann aufstehe, muss ich schon erst einmal meine Beine sortieren, bis ich richtig losgehen kann. Aber so ähnlich sieht das bei Frauchen und Herrchen auch aus. Scheint also ab einem gewissen Alter normal zu sein.

Wenn Herrchen mich nachmittags aus der Fördereinrichtung abholt, stürme ich auch nicht mehr so los und reiße alles, was sich mir in den Weg stellt, um. Ich muss erst einmal langsam wach werden und tapere dann gemütlich zur Tür. Wenn ich an der Haustür bin und diese sich öffnet, dann aber Hallo. Die Sache mit den Katzen – ihr wisst schon. Da kann ich schon noch gut Tempo machen.

Mein Rudel und ich genießen gemeinsame Spaziergänge oder auch Spaziergänge mit zwei- und vierbeinigen Freundinnen und Freunden. Ich habe mich zu einer souveränen und zuverlässigen Begleiterin entwickelt und diene oft als Vorbild oder gebe jüngeren Hunden Sicherheit. Frauchen sagt immer gerne: Wer hätte das am Anfang gedacht. Sie genießt unser Zusammenleben sehr.

Letztens hat mir mein Rudel eine Wellnessbehandlung bei einer Chiropraktikerin gebucht, weil sie meinten, mein Laufbild sei irgendwie unrund. Na, mir sollte es recht sein. Die Frau war super nett und ich habe die Behandlung sehr genossen und mich gut entspannt. Das tat gut!

Insgesamt genieße ich zurzeit mein Leben, werde sehr viel gestreichelt und gekrault (die Experten dafür sind Herrchen und Kristeen), bekomme viele Leckerlis (hier ist Lukas der Profi) und liebe meinen Schulschlaf, während Frauchen arbeitet.

Mein Rudel genießt das Zusammenleben mit mir und kann sich ein Leben ohne mich überhaupt nicht vorstellen.

So kann mein Leben noch einige Zeit weitergehen.

❀

Schwimmen mit Herrchen und Kristeen

Endlich habe ich gelernt, Äpfel vom Baum zu pflücken und muss nicht warten, bis sie herunterfallen

Wen soll ich apportieren? Kraki? Oder Herz? Oder Teddy? Kompliziert – aber ich kriege das schon hin!

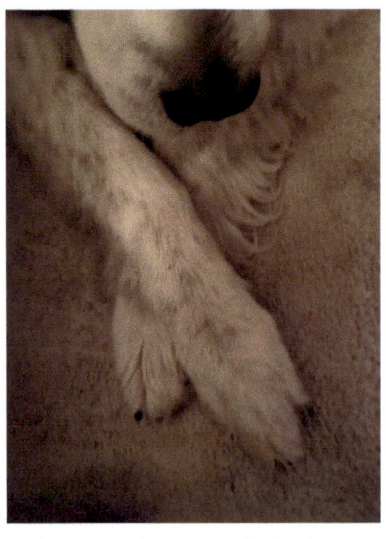

So liege ich sehr gerne – finde ich bequem.

Perspektivwechsel

Wo fliegen wir hin?

Frauchen freut sich – ich definitiv NICHT!!!! Aber es gibt hinterher immer eine gute Kaustange.

Nimmst du mich mit auf den Schlitten, Lukas?

Mein Korb ist zu klein, sagt ihr? Quatsch!

Vollgas

Tulpen aus Amsterdam – Nein! – Direkt bei uns um die Ecke

Eine Blume kleidet jedes Mädchen.

Wer öffnet denn jetzt die Leckerlipackung für mich?

Immer noch sportlich

Inzwischen habe ich mich an unser Tuk-tuk gewöhnt – aber einsteigen werde ich trotzdem nicht!

In welches Schneeloch habe ich wohl meine Nase gesteckt?

Meine Lieblingsjahreszeit – der Winter

Ich wäre ja bereit für einen Zungenkuss, Frauchen.

Attacke, Herrchen!

Bodenkuscheln kann niemand besser als Kristeen.

Wer ist hier das Pony?

Abkühlung mit Lukas

Für meine Landseermama

Seit gestern geht es mir nicht gut. Herrchen und Frauchen sind mit mir auf dem Weg zum Tierarzt und ich habe gar kein gutes Gefühl, deshalb möchte ich mich an dieser Stelle gerne von euch verabschieden. Ich bedanke mich bei allen, die mich bisher in meinem Leben begleitet haben und begebe mich jetzt in den Ruhestand, was das Erzählen meiner Geschichte angeht.

❀

Bevor ich aber endgültig schließe, noch ein paar Worte an meine Landseermama:

Liebe Mama,

ich weiß, du bist schon über die Regenbogenbrücke gegangen.
Als ich ganz klein war, hast du mir, wie du meintest, einen besonders wichtigen Rat fürs Leben mit auf den Weg gegeben:

Jeder Hund hat eine Aufgabe,
die das Leben für ihn vorgesehen hat.
Mach dich auf die Suche
nach DEINER Aufgabe,
mein kleines Mädchen!

Das hatte ich damals noch nicht verstanden, aber mein Leben lang nach dieser für mich vorgesehenen Aufgabe gesucht. Im Laufe der Zeit hatte ich viele Aufgaben, die ich immer fleißig und im Rahmen meiner Möglichkeiten erledigt habe. Und jedes Mal fragte ich mich, ob das denn nun DIE eine Aufgabe sei, die das Leben für mich vorgesehen hat.
Inzwischen weiß ich, was MEINE Aufgabe ist:

Ich wurde dazu geboren,
den Menschen ein Lächeln ins Gesicht
zu zaubern.

DAS ist MEINE Aufgabe und die habe ich mein Leben lang voll und ganz erfüllt. Du kannst stolz auf mich sein, Mama!

Nachruf

Im Dezember 2023 wurde Chica sehr plötzlich von einem auf den anderen Tag schwer krank. Eine autoimmunhämolytische Anämie ließ sie schwierige neun Tage auf der Intensivstation der Tierärztlichen Hochschule Hannover mit einer Achterbahnfahrt von Gefühlen mit völliger Verzweiflung und Hoffnung im Wechsel verbringen. Blutkonserven hielten sie am Leben und unsere Maus hat gekämpft. Die Ursache der Krankheit, bei der das Immunsystem gegen den eigenen Körper, gegen die eigenen roten Blutkörperchen arbeitet, konnte nicht geklärt werden.

Nach Besserung holten wir sie wieder nach Hause, waren guter Dinge, bis ein Rückschlag sie kurz vor Weihnachten dann auf dem erneuten Weg in die Klinik, friedlich liegend im Bus zwischen mir und meinem Mann, endgültig über die Regenbogenbrücke geführt hat. Sie ist neun Jahre, sieben Monate und 20 Tage alt geworden.

Dieser plötzliche Abschied von unserer über alles geliebten Landseerhündin traf unsere ganze Familie wie ein Schlag. Wir hatten vor dieser plötzlichen Krankheit noch keinen Gedanken an ein Ende unserer Beziehung verschwendet. Sie sollte doch bei uns in Ruhe alt werden. Und eine „alte Hündin" war sie noch lange nicht.

Aber so hart der Abschied auch war: Wir blicken unendlich dankbar auf die Zeit zurück, die wir mit unserer einmaligen Hündin verbringen durften, erinnern uns mit Freude an viele gemeinsame Erlebnisse und wünschen uns, dass sie am Ende des Regenbogens mit ihren vierbeinigen Freundinnen und Freunden über grüne Wiesen tobt.

„Wenn ihr mich sucht,
sucht mich in euren Herzen.
Habe ich dort eine Bleibe gefunden,
lebe ich in euch weiter."

(Rainer Maria Rilke)

Steckbrief

Geburtsname: Ildiko vom Siegblick
Rufname: Chica
Sonstige Namen: Chicarita, meine Elli, mein Mädchen, mein Mäusekind, meine Maus, Kuschelkuh

❀

Geburtsdatum: 28.04.2014
Geschwister im Wurf: zwei Brüder, eine Schwester
Über die Regenbogenbrücke gegangen am: 18.12.2023
(9 Jahre, 7 Monate)

❀

Schulterhöhe: 76 cm
Gewicht: meistens bei 60 kg (Schwankungen: 58 kg – 62 kg)

❀

Futter:
morgens:
250 g rohes Fleisch, dazu Gemüse, Obst, ein rohes Ei und verschiedene Pülverchen (Eierschalenmehl, Hagebuttenpulver, Welpisal, Kräutermischung), Hanföl, Dorschlebertran
mittags:
250 g rohes Fleisch, dazu Gemüse und Kräutermischung
abends:
120 – 250 g Trockenfutter (Menge je nach aktuellem Gewicht – halten, zunehmen, abnehmen)

Und ganz viele Leckerlis

Danke

DANKE an meinen Mann und meine Kinder, die den Prozess zur Entstehung dieses Buches mit all seinen Höhen und Tiefen, von den Anfängen des Schreibens von kleinen Episoden als Ergänzung zu einem Fotoalbum, über das Schreiben eines Buches für den privaten Gebrauch, bis zu einem veröffentlichten Roman begleitet haben.

DANKE auch an alle Freundinnen, Freunde und Bekannten, mit denen Chica und ich viele Erlebnisse teilen durften und die so einen großen Teil der Episoden dieses Werkes mitgeschrieben haben.

Ein ganz besonderer DANK gilt auch Juli, Britta und Silvia, die mit viel Zeit und Energie dafür gesorgt haben, dass mein bisher wesentlich größerer Hang zur Mathematik denn dem zum Schreiben von Literatur in diesem Roman nicht allzu deutlich hervortritt.

Und zu guter Letzt:
DANKE Chica, dass du so warst, wie du warst.
Du warst WUNDERBAR.

Zur Autorin

Heike Meinecke lebt zusammen mit ihrer Familie und ihrer Hündin in Niedersachsen in einem dörflichen Umfeld.

Schon seit ihrer Kindheit begleiten die Mathematik und Hunde ihr Leben und sind daraus nicht wegzudenken.
Beruflich vereint sie beide Leidenschaften in einer Fördereinrichtung, in der sie Kinder in schulischen Bereichen unterstützt, und wird dabei täglich von ihrer Hündin begleitet.

Die hat's gut ist ihr erstes Buch, in dem sie Erlebnisse mit der außergewöhnlichen Landseerhündin Chica festhält und nach deren Tod, diesen durch das Schreiben verarbeitet.

Urlaube verbringen ihre Familie und sie am liebsten an der deutschen oder dänischen Küste und genießen die frische Brise Wind um die Nase.